旅游服务心理学

主　编　黄国刚　王　昕　王海英
副主编　李　青　黄怀群　白　琳　周孔华
参　编　左书凡　康小艳　方　红　丁泠文

北京理工大学出版社
BEIJING INSTITUTE OF TECHNOLOGY PRESS

内容简介

本书从我国旅游业的发展和专业教学的实际出发，结合旅游服务心理学的理论成果，简明、通俗地介绍了旅游服务心理学概说，旅游者的感知特性，旅游服务素养，旅游者的情绪、需要及旅游动机，不同阶段的旅游服务心理，沟通与投诉处理等内容。

本书可以作为中职学校旅游类专业的心理学课程教材，也可以作为旅游企业员工的培训教材。

版权专有 侵权必究

图书在版编目（CIP）数据

旅游服务心理学 / 黄国刚，王昕，王海英主编 . -- 北京：北京理工大学出版社，2022.2

ISBN 978-7-5763-1056-6

Ⅰ. ①旅… Ⅱ. ①黄… ②王… ③王… Ⅲ. ①旅游心理学 – 教材 Ⅳ. ①F590-05

中国版本图书馆 CIP 数据核字（2022）第 029254 号

出版发行 /	北京理工大学出版社有限责任公司
社　　址 /	北京市海淀区中关村南大街 5 号
邮　　编 /	100081
电　　话 /	（010）68914775（总编室）
	（010）82562903（教材售后服务热线）
	（010）68944723（其他图书服务热线）
网　　址 /	http://www.bitpress.com.cn
经　　销 /	全国各地新华书店
印　　刷 /	定州市新华印刷有限公司
开　　本 /	889 毫米 × 1194 毫米　1/16
印　　张 /	9
字　　数 /	179 千字
版　　次 /	2022 年 2 月第 1 版　2022 年 2 月第 1 次印刷
定　　价 /	34.00 元

责任编辑 / 李慧智
文案编辑 / 李慧智
责任校对 / 周瑞红
责任印制 / 边心超

图书出现印装质量问题，请拨打售后服务热线，本社负责调换

前言

旅游服务心理学是一门研究旅游活动中人的心理活动及其规律的学科，是中等职业学校旅游类专业必修课。该课程的学习，有助于学生全面系统地掌握旅游服务心理学的相关理论知识和分析方法，使其在走上工作岗位后能熟练地运用心理学知识进行旅游产品的生产、销售和服务，提升旅游服务质量和旅游企业经营管理水平。

当前，旅游业已成为国民经济的战略性支柱产业，旅游行业需要更加优秀的旅游专业人才。为此，由编写组牵头组织具有丰富教学经验的旅游专业一线教师、高校教授、行业专家，编写了《旅游服务心理学》一书，旨在帮助旅游专业类学生专业素质、打牢理论基础、提高服务技能，在今后的工作中更好地为旅游者服务，对旅游业发展做出积极贡献。

本书的编写特点主要体现在以下几个方面：

一是突出知识性、趣味性，充分考虑中等职业学校学生的特点。本书围绕旅游专业的学生培养目标编写，合理确定理论知识的难易程度和表现形式，重视用通俗浅显的语言表达专业知识，通过设置情境和案例激发学生的学习兴趣，将理论教学与实训教学紧密地结合起来，强化教学效果。

二是重视时效性、新颖性，注意采用新数据、新信息和新观念。本书每个项目都设有项目导入、项目情境和项目导航，并在每个任务中结合项目情境设置任务分解，激发学生的学习兴趣；在正文中添加了知识拓展、案例阅读，拓宽学生的视野，使学生对所学知识有更深入的理解；在每一任务后还设置了知识考查和任务实训，增强学生对所学理论知识的记忆和灵活运用能力。

三是强化实用性、实践性，心理学专业知识紧密结合旅游工作岗位的应用。本书以中等职业学校旅游类专业学生的就业为导向，依据旅游者在旅游活动中的心理活动过程及旅游从业人员的服务心理，确定教材的知识结构和内容。

本书由重庆市最美教师、重庆师范大学硕士研究生导师黄国刚，重庆师范大学硕士研究生导师王昕，重庆市万州职业教育中心高级讲师王海英担任主编。其中，黄国刚全权负责本书的统筹工作，并指导编写"旅游服务心理学概说、旅游服务心理素质、沟通与投诉处理";王昕指导编写"旅游者的感知特性,不同阶段的旅游服务心理";王海英指导编写"旅游者的情绪、需要及旅游动机";重庆市万州职业教育中心黄怀群、左书凡编写"旅游服务心理学概说、旅游服务心理素质",白琳、丁泠文、康小艳编写"旅游者的感知特性、不同阶段的旅游服务心理",周孔华、方红编写"旅游者的情绪、需要及旅游动机";重庆市酒店行业协会高级技师李青编写"沟通与投诉处理"。

重庆师范大学硕士研究生导师胡志毅教授对本书提出了宝贵的修订意见。泰和泰律师事务所合伙人李家权律师、成都艺术职业大学航空旅游学院李炳林院长,为本书的试用与推广做了大量有益工作。

在本书编写的过程中,编者参阅了大量的教材、研究成果和图片等资料,在本书出版之际,谨向有关作者表达深深的谢意!

由于编者的水平有限,加之时间仓促,书中难免存有不足之处,恳请广大读者批评指正。

编　者

2021 年 6 月

目录 CONTENTS

项目一　旅游服务心理学概说 ……………………………………………… 1
　任务一　走进心理学 …………………………………………………………… 2
　任务二　认识旅游服务心理学 ………………………………………………… 8

项目二　旅游者的感知特性 …………………………………………………… 12
　任务一　了解旅游者感觉和知觉的变化规律 ………………………………… 13
　任务二　培养良好的观察力 …………………………………………………… 23
　任务三　对旅游者鉴貌辨色 …………………………………………………… 27

项目三　旅游服务素养 ………………………………………………………… 34
　任务一　培养注意力 …………………………………………………………… 35
　任务二　培养记忆力 …………………………………………………………… 41
　任务三　培养思维能力 ………………………………………………………… 49
　任务四　培养自控能力 ………………………………………………………… 55
　任务五　培养意志品质 ………………………………………………………… 64

项目四　旅游者的情绪、需要及旅游动机 …………………………………… 71
　任务一　了解旅游者的喜与乐 ………………………………………………… 72
　任务二　理解旅游者的需要 …………………………………………………… 79
　任务三　洞察旅游者的旅游动机 ……………………………………………… 84

项目五　不同阶段的旅游服务心理 …………………………………………… 92
　任务一　了解旅游交通服务心理 ……………………………………………… 93
　任务二　了解酒店服务心理 …………………………………………………… 99

任务三	了解餐饮服务心理	106
任务四	了解游览服务心理	111
任务五	了解购物服务心理	116

项目六　沟通与投诉处理　123

任务一　做好与旅游者的沟通　124
任务二　巧妙处理旅游者的投诉　132

参考文献　138

项目一

旅游服务心理学概说

项目导入

改革开放40多年，旅游产业的发展和变迁正是我国经济发展和人们生活水平提高的一个缩影。当前，满足人民日益增长的美好生活需要成为改革发展的奋斗目标，而高品质的文化旅游和休闲生活方式，正是彰显"美好生活"的重要途径。在这种背景下，旅游者和旅游企业对旅游服务人员的素质要求越来越高。为了让旅游类专业的学生将来在走上工作岗位后能更好地为旅游者服务，更好地为旅游业服务，必须加强旅游类专业学生的素质培养，夯实学生的专业理论基础，提高其各项服务技能。

旅游服务心理学把心理学领域的一些研究成果应用到旅游领域，对旅游过程中旅游者的心理活动及活动规律进行分析和研究。其研究对象涉及旅游者、旅游企业员工、旅游企业管理者和旅游目的地的居民。学好旅游服务心理学对于提高旅游服务质量、改善旅游企业的经营管理、合理进行旅游资源开发具有非常重要的意义。

项目情境

陈静和朱华是某中职学校旅游类专业的学生，在2020年顺利通过了重庆市的导游资格考试。2021年学校安排了为时一个学期的实习，陈静和朱华选择了星辰旅行社，她们希望把所学的知识运用到实践中，提高实践能力。

项目导航

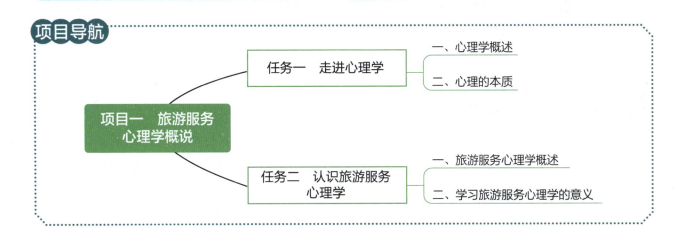

项目一 旅游服务心理学概说

任务一 走进心理学

 任务目标

1. 理解心理学的含义,掌握心理现象的内涵。
2. 理解心理的本质,深刻认识到主观能动性的作用。

 任务描述

为了让实习生们尽快投入工作,星辰旅行社的刘经理一方面布置陈静和朱华学习相关的规定和业务知识,另一方面安排她们做一些内部的事务性工作。陈静和朱华需要学习的一门重要学科就是旅游服务心理学。这门学科在学校时她们曾经学习过,考试成绩也不错,但现在已经淡忘了,于是她们又重新拿起书本进行复习。

思考:
1. 旅游服务人员为什么要学习心理学?
2. 旅游与心理的关系如何?

 相关知识

与动物相比,人类有发达的大脑、复杂的心理活动、丰富的内心世界。正因为这样,不同的人有不同的行为表现,同一个人在不同的情况下也有不同的行为活动。人的心理活动直接影响人的决策,进而影响人的行为活动。随着社会的发展和心理学重要性的凸显,人们对心理学越来越关注,不仅想了解自己的内心世界、认识自我,而且想了解自己之外的世界。那么,到底什么是心理学?

一、心理学概述

人的一切活动都与心理息息相关,心理是人们做决定、采取行动的内在因素。人们无论从事什么活动,都伴随着各种心理现象,而且正是在心理现象的调节下,人们的各种活动才能得以正常进行,并达到预期的目的。

心理学是研究人的心理现象及其规律的科学。所谓心理现象,就是心理或精神活动在发生、发展、变化过程中所表现出来的形态、特征与联系，简称心理。

人的心理现象非常复杂，概括起来，心理学研究的问题主要包括心理过程和个性心理两个方面，如图1-1所示。

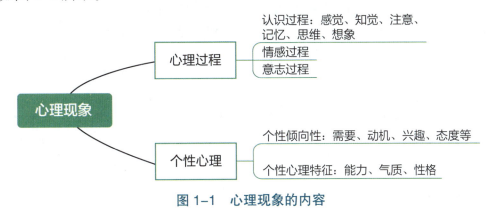

图1-1 心理现象的内容

（一）心理过程

心理过程是指人在客观事物的作用下，在一定时间内大脑反映客观事物的活动过程。它是心理现象的动态形式，包括认知过程、情感过程和意志过程。

（1）认知过程。认知过程是人最基本的心理过程，是人从感性认识到理性认识的发展过程，包括感觉、知觉、注意、记忆、思维和想象等过程。认识过程是形成正确心理的前提条件。

（2）情感过程。情感过程是人们对客观事物表现出来的鲜明的态度体验。

（3）意志过程。意志过程是指人们为了实现预定的目的有意识地支配和调节行动的心理活动过程。

认知、情感、意志三个过程构成了心理活动的整个过程，其中，认知是基础，情感和意志是动力。

（二）个性心理

个性心理是显示人们个性差异的心理现象，是一个人在活动中表现出来的比较稳定的带有倾向性的各种心理特征的总和。它是心理现象的静态形式，包括个性倾向性和个性心理特征。

（1）个性倾向性。个性倾向性包括需要、动机、兴趣、态度等，是人进行活动的基本动力，也是个性心理中最活跃的因素。

（2）个性心理特征。个性心理特征包括能力、气质、性格，是人个性心理的具体表现，集中反映了一个人心理面貌的独特性和个别性。

个性倾向性和个性心理特征综合地体现在一个人身上，就形成了一个人完整的个性心理，简称个性。

心理现象的各个方面不是孤立存在的，而是相互联系的。不仅个性心理和心理过程之间存在联系，认知、情感和意志过程之间也存在密切联系。没有心理过程，个性心理就无法形成。同时，已经形成的个性心理又制约着心理过程，并在心理过程中表现出来。要把握一个人的心理全貌，必须将两个方面结合起来进行整体考察。

知识拓展

心理学三大流派及其代表人物

精神分析学派、行为主义学派、人本主义心理学被称为心理学的三大流派。

1. 精神分析学派

代表人物：弗洛伊德。

主要观点：强调人的本能的、情欲的、自然性的一面，首次阐述了无意识的作用，肯定了非理性因素在行为中的作用，开辟了潜意识研究的新领域；重视人格的研究和心理应用。

2. 行为主义学派

代表人物：华生、斯金纳。

主要观点：认为心理学不应该研究意识，而应该研究行为，把行为与意识完全对立起来。在研究方法上，行为主义主张采用客观的实验方法，而不采用内省法。

3. 人本主义心理学

代表人物：马斯洛、罗杰斯。

主要观点：反对将人的心理低俗化、动物化的倾向，反对仅以病态的人为研究对象，把人看成本能牺牲品的精神分析学派，也反对仅把人的行为作为研究对象的行为主义学派。主张研究对人类进步有意义的问题，关心人的价值和尊严。

二、心理的本质

人的心理活动究竟是怎样产生的？它有哪些基本的性质？随着科学的发展，人们正在越来越多地认识人脑这个"黑匣子"。大量的科学研究已经表明，心理是人脑的机能，是客观现实在头脑中主观的能动反映。

（一）心理是人脑的机能

现代科学表明，脑是心理的器官，心理是脑的机能。在整个生物圈中，人类本来是一个很平凡的物种，其许多生理系统的结构特征和功能远不如大多数动物。例如，人的嗅觉不如狗，视觉不如狼，体力不如大象……但是，人类却成了地球的主宰者。这种优势的获得，得益于人有一个高度发达的器官——大脑。

从结构上看，人脑并不是简单的一整块，而是一个结构复杂的器官，是由脑干、间脑、小脑和大脑组成的。其中最发达的部分是大脑。大脑由左右两半球构成。其表面覆盖着3~4毫米厚的灰质层，叫大脑半球皮质，简称皮层。大脑半球皮质是高级神经中枢，它所进行的神经活动称为高级神经活动。大脑半球皮质以下的其他部位是低级神经中枢。二者构成中枢神经系统。中枢神经系统向全身发出大量的神经，与身体内外的感觉器官、效应器官相联系。

大脑的主要机能是接收、分析、综合、储存和传递各种信息。机体的感觉器官都把刺激信息由神经传入大脑，经过皮层的加工、整理，然后发出信号，控制各器官和各系统的活动。各器官和各系统的活动状况又被报告给大脑，以便进一步调节。皮层各部位既分工又合作，在机能上相互联系、协调一致。关于人脑研究的成果表明，大脑皮层的绝大部分不承担具体的感觉和运动的功能，因而它可以集中用于高级的心理过程，如思维。

案例阅读

从"拾柴火"看性格模式

某位心理学家设计了名为"拾柴火"的自然实验，实验对象是保育院的40个学生。实验是在冬天的晚上进行的。实验者把湿柴放在附近的棚子里，而把干柴放在较远的山沟里，要求学生必须在晚上去拾柴生火取暖，自己则隐蔽在一旁观察他们。冬天的黑夜是寒冷而可怕的，结果发现有的学生兴高采烈地到山沟里去了；有的则边走边发出怨言；有的不敢走远，只是到附近的棚子里去取湿柴。后来实验者对他们讲了有关勇敢者的故事，于是到山沟里取柴的人渐渐多了。经过几个月的教育和观察，发现有20个学生发生了较大的变化。由此了解到学生的性格差异，有的勇敢主动，有的畏缩被动；有的动摇，有的胆怯。他们的性格是可以通过教育改变的。

由以上实验可以看出学生对待冬天夜晚取柴以便烤火取暖这一相同的客观现实，每个人的态度都不一样。有的人不怕黑、不怕冷，高高兴兴地到山沟里去取干柴；有的人虽然也去山沟，却嘟嘟囔囔不愿意；有的人怕黑又怕冷，图方便就近取湿柴。可见，每个学生对待相同的事情会产生不同的态度，因而采取的行为模式也不同。在心理学中将他们这些态度和行为称为性格特征。性格是一个人对现实的态度和行为方式中稳定的心理特征。所谓对现实的态度，反映了人们追求什么，拒绝什么，表明人们活动的动机和方向。行为方式是在其态度下与之相适应的行动，指人们如何去追求他们想要得到的事物，如何避免他们想要拒绝的事物，并且这种态度是稳定的，行为方式也是习惯化了的行为模式。

以上述实验为例，说某个学生是勇敢的，不仅是他的态度，而且有其在寒冷的黑夜到山沟去取柴的行为，而这又是经常性的、稳定的。人的性格是非常复杂的，其模式也各种各样。如何了解人们的性格特征，可以从其对待现实的态度和行为方式上着手。

（二）心理是对客观现实的反映

脑是心理活动的器官，心理是脑的机能。但大脑不能凭空和单独产生心理活动，只有一定的对象作用于人脑时，心理活动才可能产生。这一对象就是客观现实。

1. 客观现实是心理产生的源泉

客观现实是指在人的心理之外独立存在的一切事物，它们构成了人类赖以生存的环境。人们通常将这些环境划分为物理环境和社会环境。

（1）物理环境。物理环境包括各种自然现象，如天体宇宙、山脉河流、四季变更、飞禽走兽，也包括人造的环境，如城市、乡村、住宅、交通等。

（2）社会环境。社会环境包括家庭、学校、同伴、团体、各种人际关系、社会规范、风俗习惯等。

显而易见，这些客观存在的事物以及事物之间的关系，是人脑加以反映的对象，没有这些对象也就不可能有人的心理。

客观现实无论是物理环境还是社会环境，都是人类心理的源泉。相比而言，社会环境对人的心理具有更加重要的作用。人们的需要、兴趣、信念、价值观、道德观、自我意识、能力以及性格，乃至个性的形成和发展，大多是人们所处的社会环境影响的结果。

2. 反映的主观能动性

"反映"，就像一面镜子。当你站在一面镜子前，镜子里便出现你的镜像，这就是一种反映。但这是一种最简单的、最直接的和被动的反映。心理是人脑对客观现实的主观能动的反映。所谓主观能动的反映，是指人脑对客观现实的反映受个人态度和经验的影响从而使反映带有个人主体的特点。例如，对于同一位教师，全班同学的评价不会全都一样。即便是同一个人，在不同环境和身心状态下，对同一事物的反映也会有差别。

心理的主观能动性还表现在它能支配和调节人的行为，能反作用于客观现实，改造自然，改造社会，以满足人们的各种需要。人的每一种行为都要受到大脑的评价和修正，即反馈。心理的这一能动性使人的行为程序前后一致，保证了内部动机与外部行为之间的统一。

心理主观能动性的大小依赖于人们对客观规律的认识水平，并且接受社会道德标准的衡量。可见，人的心理一方面受客观现实的制约，另一方面又受人的主观条件的折射。在人的心理活动中，客观条件是否起作用以及起什么样的作用，并不简单地取决于客观条件，而是取决于主客观条件的相互作用。心理是主客观的对立统一。

3. 心理在实践活动中得到发展

实践活动是人的有目的的活动，如劳动、学习、交往等。人在实践活动中与周围的客观现实产生联系，从而认识周围世界。因此，心理产生于实践活动之中，也表现于实践活动之中。

人的各种心理现象是人活动的必要条件。儿童游戏、学生学习、科学家做实验等各种活动都有感知觉、记忆、想象、思维的参加，否则，活动就无法表现出来。同时，人的心理现象都是在活动中发生、形成的。学生只有积极参加学习活动，他的观察力、思维能力才能得到发展；

只有不断参加集体活动，与同学不断交往，他的道德水平才能提高，才能形成良好的性格。

人脑对现实的反映是否正确，也可在实践活动中得到检验和校正。当你看到桌子上有一个苹果并想拿它时，你必须走近桌子，伸手去拿；手伸偏了就拿不到，这时你会调整动作，直到拿到为止，从而说明你的反映是正确的。因此，实践活动是实现人与客观现实之间联系的桥梁，是实现主客观对立统一的中介。

综上所述，人的心理的实质是人脑对客观现实的反映；人脑是心理的器官，客观现实是心理的源泉。心理是在人的实践活动中发展的。关于心理的实质，不仅是心理学，也是哲学的重大理论问题。随着社会生产力的提高和科学的发展，人们对于心理实质的认识还会不断深化。

知识考查

1. 心理学研究的问题主要包括_____和_____两个方面。
2. 心理过程是指人在客观事物的作用下，在一定时间内_____反映客观事物的活动过程。它包括_____、_____和_____。
3. 个性心理是心理现象的静态形式，包括_____和_____。
4. _____是指在人的心理之外独立存在的一切事物，它们构成了人类赖以生存的环境。人们通常将这些环境划分为_____和_____。
5. 为什么说"心理是对客观现实的反映"？

_____
_____
_____
_____

任务实训

我所认识的心理学

心理学是一门研究心理现象发生、发展及活动规律的科学。学习心理学可以帮助我们更科学地描述、解释和控制行为，建立科学的逻辑思维，纠正自我认知的偏差，悦纳自己，帮助他人。这就需要我们进一步认识心理学。

实训内容：

以"我所认识的心理学"为主题，用自己的语言描述心理学的基本原理和研究方法。

实训目的：

通过实训，帮助学生进一步了解心理学的基本原理和研究方法，培养学生自我学习、提升的能力，锻炼学生的语言组织、表达能力。

实训过程：

（1）将学生分为若干小组，每小组人数由任课教师确定。

（2）各小组利用网络、书籍查找相关资料，制作PPT。

（3）每小组选派一名代表在全班交流、分享本组的研究成果。

（4）任课教师对各小组的研究成果进行评价，各小组对其他小组的研究成果进行点评。

任务二　认识旅游服务心理学

任务目标

1. 理解旅游服务心理学的含义，掌握旅游服务心理学的研究对象。
2. 理解学习旅游服务心理学的意义。

任务描述

陈静通过一段时间的复习，对心理学理论知识有了较系统的了解，她知道心理学是旅游服务心理学的理论基础，旅游服务心理学是在心理学的基础上发展起来的，它是心理学众多分支中的一个。一名合格的旅游服务人员只有具备旅游服务心理学的知识，才能做好各方面的工作。

朱华的心里则产生了疑问，她问陈静："我们为什么学习旅游服务心理学？这门学科对于我们将来从事旅游服务工作有什么意义呢？"

思考：

你是如何理解学习旅游服务心理学的意义的？

相关知识

旅游服务心理学是心理学的一个重要分支，它主要是运用心理学的原理和相关研究成果及研究方法来分析和研究旅游活动中的人的行为与心理规律。

一、旅游服务心理学概述

20世纪50年代，经济、科技、交通的迅猛发展推动了旅游业的飞速发展。随着旅游业的发展，旅游服务心理学也浮出水面，它是旅游学与心理学的交叉学科。旅游从业者要了解旅游者为什么要出行、他们在旅游的过程中有什么心理需求、他们怎样选择旅游目的地及服务公司等问题，从而紧抓顾客的心理，提供针对顾客心理需求的优质服务，进而留住顾客，获得利润。

旅游服务心理学是研究旅游活动中人们的心理现象及其变化规律的学科，旅游活动中的人们通常包括旅游者和旅游从业者。

（一）旅游者心理

旅游活动的主体是旅游者，是旅游业服务的对象。因此，旅游者的心理及其旅游行为的发生、发展及变化规律是旅游服务心理学首先要研究的内容，也是旅游服务心理学研究的出发点与核心。旅游者心理的研究要从了解旅游者的旅游动机、知觉、态度、情感和个性的一般特征入手，分析旅游者旅游活动中的人际知觉、旅游者对情绪情感的调控、旅游者的个性特征对旅游消费行为的影响，进而掌握激发旅游者旅游动机的方法以及改变旅游者态度的策略。

（二）旅游服务心理

旅游者在旅游活动中所涉及的食、住、行、游、购、娱六大基本要素，其中任何一个要素都离不开旅游业员工所提供的服务，服务质量的高低直接影响到旅游者对旅游活动的评价，所以旅游服务心理也是旅游服务心理学研究的重要内容。旅游服务心理分析了旅行社、饭店、旅游交通、旅游购物等旅游服务环节中的旅游者心理需求和相应的服务策略，同时还介绍了旅游活动中应对投诉和售后服务的心理。

（三）旅游企业员工心理

旅游企业经营的成败取决于它的管理和服务，由于旅游产品的独特性，服务所占的比重较大，再加上其质量有很大的不确定性，因此对员工素质的要求更高。管理者在企业管理中要把员工放在第一位，尊重员工、善待员工、充分调动员工的积极性，这就需要了解员工的心理，提高员工的心理素质。旅游企业员工心理的研究主要包括旅游企业员工心理素质的培养和旅游企业中的人际关系处理两个方面的内容。

二、学习旅游服务心理学的意义

在旅游业的发展中，旅游服务心理学为开发旅游资源和旅游产品提供心理学依据，为安排旅游设施提供旅游心理学依据，为提高旅游服务水平提供心理学指导，为优化旅游企业经营管理提供心理依据，对旅游业的发展具有重要意义。

（一）为开发旅游资源和旅游产品提供心理学依据

旅游资源、旅游产品是旅游业必不可少的基本组成要素，而旅游者又是旅游业发展的前提，所以对旅游资源、旅游产品的开发必须以旅游者的心理需求为依据，这样才能吸引旅游者消费。旅游服务心理学可以指导旅游企业了解旅游者的需求，根据不同的需求有针对性地开发旅游资源和旅游产品，吸引旅游者消费，促进产业发展。

（二）为安排旅游设施提供旅游心理学依据

旅游者因身份、职业、年龄、性格等不同而有不同的需求，在安排旅游设施时，要充分考虑其心理因素，否则可能会导致旅游者的不满意而引起投诉。

（三）为提高旅游服务水平提供心理学指导

通过对旅游者的心理分析，了解其心理需求，向他们提供有针对性的服务和人性化服务，有利于提高旅游者的满意度，同时加强旅游从业者的整体服务水平。

（四）为优化旅游企业经营管理提供心理依据

旅游企业无论是开发旅游资源、旅游产品还是建设旅游设施都必须符合旅游者的心理特点。另外，旅游服务人员的心理素质也是企业管理的关键，学习心理学知识，有助于旅游服务人员为旅游者提供准确的服务。

知识考查

1. _____是旅游服务心理学首先要研究的内容，也是旅游服务心理学研究的出发点与核心。

2. 旅游企业员工心理的研究主要包括_____和_____两个方面的内容。

3. 简述学习旅游服务心理学的意义。

_____
_____
_____
_____

任务实训

为什么学习旅游服务心理学

旅游服务心理学是心理学的分支，运用心理学的基本原理和研究方法，分析和研究旅游活动中旅游者、旅游从业者等的行为与心理规律。学好旅游服务心理学对于旅游服务专业的学生将来从事相关工作具有重要意义。

实训内容：

以"为什么学习旅游服务心理学"为主题，利用网络、书籍搜集相关案例，说明学习心理学对于旅游服务工作的意义。

实训目的：

通过实训，帮助学生进一步了解旅游服务心理学的研究对象和内容，理解学习旅游服务心理学对于将来从事旅游服务工作的意义，培养学生自我学习、提升的能力，锻炼学生的语言组织、表达能力。

实训过程：

（1）将学生分为若干小组，每小组人数由任课教师确定。

（2）各小组利用网络、书籍查找相关资料，制作PPT。

（3）每小组选派一名代表在全班交流、分享本组的研究成果。

（4）任课教师对各小组的研究成果进行评价，各小组对其他小组的研究成果进行点评。

项目总结

　　心理学是研究人的心理现象及其规律的科学。所谓心理现象，就是心理或精神活动在发生、发展、变化过程中所表现出来的形态、特征与联系，简称"心理"。旅游服务心理学是心理学的一个重要分支，是心理学的理论知识在旅游领域的应用。旅游服务心理学以旅游者心理、旅游服务心理、旅游企业员工心理为主要研究对象。学习旅游服务心理学，对旅游者旅游需要的满足、旅游服务质量的提高、旅游业的健康有序发展都有重要意义。

　　通过本项目的学习与实训，写下你的收获。

自我小结：

_____
_____
_____
_____
_____

教师评价：

_____
_____
_____
_____
_____

项目二

旅游者的感知特性

项目导入

　　感知是人们认识事物的第一步，人们的一切活动都是从感觉开始的，感觉是知觉的基础，知觉是各种感觉的有机统一。

　　旅游者作为一类特定人群，在旅游这个特定活动中，遇到的人、服务、吃住行和旅游目的地都会作用于大脑，使旅游者产生自我的感觉和知觉，这种感觉和知觉可以是美好的，也可以是让其愤怒讨厌的。这种好的或坏的感知在旅游者脑海中一经形成，就很难改变。

　　旅游者对旅游目的地的感知已经成为评价旅游目的地形象的重要依据，而旅游目的地的形象也已经成为影响旅游者选择旅游目的地的重要因素。

　　旅游服务人员应该积极探索旅游者的感知特性，让其在旅游活动中尽量产生好的感知，以期他们能够对旅游服务形成良好的口碑。

项目情境

　　陈静在星辰旅行社经过一段时间的实习，已经熟悉了业务。她迎来了自己的第一个旅游团。五天的行程主要是游览武隆天生三桥、仙女山、大足石刻、洪崖洞等重庆市的知名景点。因为是第一次带团，虽然经过了精心准备，陈静还是既兴奋又紧张。第一天的行程为武隆天生三桥、仙女山，晚上观看了实景演出《印象·武隆》。

　　朱华成为刘经理的助理，帮助她处理旅行社的日常工作。

任务一　了解旅游者感觉和知觉的变化规律

项目导航

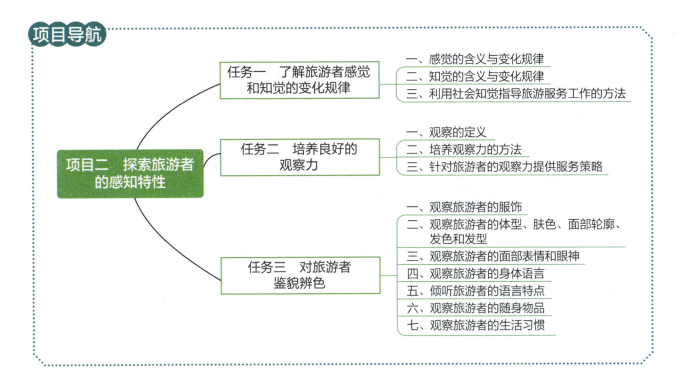

任务一　了解旅游者感觉和知觉的变化规律

 任务目标

1. 掌握感觉和知觉的定义、分类和变化规律，了解感觉和知觉的关系。
2. 理解旅游者对旅游条件知觉的内容及具体要求。
3. 了解旅游活动中常见的社会知觉偏差，并能够灵活运用。

 任务描述

　　第一天带团，在参观天生三桥时，陈静之前精心准备的导游词发挥了重要作用。晚上在观看《印象·武隆》演出时，有的旅游者兴奋不已，有的旅游者则表情木然。

　　第一天的带团经历让陈静收获不小，她感到"景点美不美，全靠导游一张嘴"，相对于自然景观，语言讲解更为重要。有的旅游者在游览过程中更喜欢观看自然风光，有的旅游者则对土家族传统建筑表现出较浓厚的兴趣。

项目二 旅游者的感知特性

思考:

说说感觉和知觉在旅游活动中的作用。

相关知识

一、感觉的含义与变化规律

面对十分抽象的概念，一些同学可能会有疑问：什么是感觉？什么是知觉？在旅游过程中，旅游者的食、住、行、游、购、娱等活动，是否可以离开感觉和知觉呢？

（一）感觉的定义

感觉是指人脑对客观事物个别属性的直接反映。

感觉是最基本的心理活动，是人们认识事物的第一步。人们通过感觉可以认识事物的个别属性，如我们看到一只鹦鹉，它的形状、它羽毛的颜色、它的声音、用手触摸它后感到的光滑感，都是鹦鹉的个别属性。

（二）感觉的分类

人们通常把感觉分为两大类：外部感觉和内部感觉。外部感觉主要有视觉、听觉、嗅觉、味觉、触觉等。内部感觉的感受器官位于肌体内部，主要接受肌体内部的适宜刺激，反映自身的位置、运动和内脏器官的不同状态，包括肌体觉、运动觉和平衡觉，如图 2-1 所示。

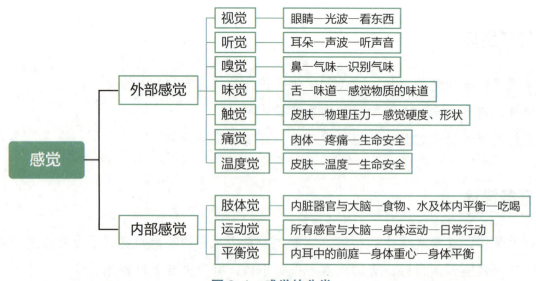

图 2-1 感觉的分类

我们丰富的心理世界的产生，都是建立在感觉基础之上的。我们的知觉、思维、记忆等过程，必须建立在感觉所提供的原始资料的基础上，而人的情绪体验的产生，也必须依赖人对环境和身体内部状态的感觉。因此，没有感觉，一切心理现象都将无从产生。旅游者的感觉对环境的要求更加具体,一个人开始了旅游的行程后,他在旅游过程中对衣、食、住、用、行这些刺激身体感官所获得的感知,就是旅游者的旅游感觉。

> **知识拓展**
>
> **感觉剥夺实验**
>
> 美国心理学家曾进行了感觉剥夺的实验。在实验中,心理学家要求参与实验的志愿者安静地躺在实验室的一张舒适的床上,室内非常安静,听不到一点声音;一片漆黑,看不见任何东西;志愿者的两只手戴上手套,并用纸卡卡住。吃喝都事先安排好了,用不着志愿者移动手脚。总之,来自外界的刺激几乎都被"剥夺"了。在实验开始时,志愿者还能安静地睡着,但后来,志愿者开始失眠,感到不耐烦,急切地寻找刺激,他们想唱歌,打口哨,自言自语,用两只手套互相敲打,或者去探索这间小屋。换句话说,志愿者变得焦躁不安,老想活动,觉得很不舒服。在实验过程中,心理学家使用了各种方法,但都难以让志愿者在实验室中坚持2~3天。这个实验说明,来自外界的刺激对维持人的正常生存是十分重要的。
>
> (资料来源:郭黎岩. 心理学[M]. 南京:南京大学出版社,2006.)

(三)感觉的变化规律

1. 相关概念

感受性是感觉器官对适宜刺激的感觉能力,也可以说是感觉的敏锐程度。

感觉阈限是指能引起感觉持续一定时间的刺激量,是衡量感觉的一个尺度。

感觉是由刺激物引起的,但并不是所有的刺激物都能引起人的感觉,除刺激物的性质要适宜外,刺激还必须达到适当的限度。刚刚能引起感觉的最小刺激量称为绝对感觉阈限,而对这种最小刺激量的感觉能力称为绝对感受性。绝对感觉阈限和绝对感受性之间成反比关系,即绝对感觉阈限的值越小,说明绝对感受性就越高。

在刺激物引起感觉之后,尽管刺激强度又发生了变化,但并不是所有刺激的强度变化都能被我们觉察出来。例如,在原有500克的物质中再加上1克,人们感觉不出它的变化,只有加上50克或更多一些,人们才能觉察出前后两种重量的差异。刚刚能引起差异感觉的刺激物的最小变化量称为差别感觉阈限,而对同类刺激最小差别量的感觉能力称为差别感受性。差别感受性与差别感觉阈限也成反比关系。

2. 感受性变化的规律

人体的感受性会随条件和机体状态的不同而发生变化。

(1)感觉的适应。感觉适应是指刺激对感觉器官的持续作用而使感受性发生变化的现象。适应可以使感受性提高,也可以使感受性降低。例如,"入芝兰之室,久而不闻其香;

入鲍鱼之肆，久而不闻其臭"，也就是说，进入摆满香草的房间，久而久之就闻不到香草的香味了；进入卖臭咸鱼的店铺，久而久之就闻不到咸鱼的臭味了。适应能力是有机体在长期进化过程中形成的，它对人们感觉外界事物、调节自己的行为具有积极的意义。

（2）感觉的对比。感觉对比是指同一感觉器官接受不同刺激时使感受性发生变化的现象，可分为同时对比和继时对比。同时对比是指几个刺激物同时作用于同一感觉器官，从而使感受性发生变化的现象。继时对比是指几个刺激先后作用于同一感觉器官，使感受性发生变化的现象。例如，吃糖果之后再吃苹果，就会觉得苹果酸。在实践中，工业产品、艺术品、生活用品等各种设计都要考虑到感觉的对比现象。

（3）感觉的相互作用。感觉的相互作用是指对某种刺激物的感受性因其他感觉器官受到刺激而发生变化的现象。在一定条件下，各种不同的感觉都发生相互作用，从而使感受性发生变化。不同感觉相互作用的现象相当普遍，其一般规律是：微弱的刺激能提高其他感觉的感受性，而强烈的刺激则会减弱其他感觉的感受性。

人的感受性，无论是绝对感受性，还是差别感受性，都具有发展的可能性。人的感受性的发展依赖以下条件：社会生活条件和实践活动；有计划的练习；感官的机能补偿作用。

二、知觉的含义与变化规律

（一）知觉的含义

知觉是人脑对直接作用于感觉器官的事物的整体属性的反映。知觉是在感觉的基础上形成的，是多种感觉器官联合活动的结果，包括当时的心情、期盼以及过去的经验与习得的知识，所以知觉是纯心理性的。

我们在看到鹦鹉的颜色、形状，听到鹦鹉学舌的声音，感受到鹦鹉羽毛的光滑时，这些感觉有机地组合在一起，形成对事物的完整印象——"鹦鹉"，这就是知觉。可见，知觉是在感觉的基础上形成的。在生活中，感觉和知觉通常是同时进行的。

（二）知觉的分类

根据知觉的对象，我们可以把知觉分为空间知觉、时间知觉和运动知觉三大类。

1. 空间知觉

空间知觉反映的是事物的空间特征，如形状、大小、方位、距离等。如果一个人的空间知觉不准确，在旅游活动中，把前方10米宽的河道知觉为3米，就容易出现危险。

2. 时间知觉

时间知觉反映的是事物的延续性和顺序性，如对事物运动过程的先后和时间长短的知觉。

时间无始无终,所以自然界的周期性现象,如太阳起落、月的圆缺、四季变化等,成为人们时间知觉的参照系。在此基础上人们又创造了日历、时钟等计时工具,使时间知觉更精确。人们除了有意识地运用各种参照系产生时间知觉外,还存在某种自动计时的体内装置,即使失去了所有时间知觉的参照系,人的生理过程和节律性活动仍然基本上保持24小时的周期。这就是人们常说的生物钟。

3. 运动知觉

运动知觉反映的是物体空间位移和移动速度的变化。通过运动知觉,我们可以分辨物体的静止和运动,以及它运动速度的快慢。坐过高铁列车的人都有体会,当列车还没有启动的时候,我们以窗外正在行驶的列车为参照物,就会感觉到自己所坐的列车在行驶,而作为参照物的列车却没有动;如果以站台上的固定物体(如柱子等)为参照物,就会立刻觉察到,是之前作为参照物的列车在动,而自己坐的列车还没有行驶。再如,坐在奔驰的高铁列车里,车外的树木、楼房好像在向后跑一样。这些都是运动知觉。

(三)知觉的变化规律

知觉的变化规律有选择性、整体性、理解性、恒常性。

1. 知觉的选择性

当事物作用于大脑时,我们总是按照某种需要、目的主动地、有意识地选择少数事物作为知觉对象,或无意地被某种事物吸引,以它作为知觉对象,从而对这些事物产生鲜明清晰的知觉印象,而周围的事物则成为知觉的背景,这就是知觉的选择性。

例如,旅游者在峨眉山游玩,当他在山中小道上行走时,在树上、岩石上嬉戏打闹的猴子更容易引起他的注意,而自然风景、古建筑容易被当作背景被忽视。

"仁者乐山,智者乐水"。山水并存,乐山或乐水取决于人的知觉选择。不同类型的旅游者,其旅游需要和目的不同,在旅游过程中选择的知觉对象也就有各种差别。有的人喜欢休闲的活动,有的人喜欢刺激、冒险的活动;有的人喜欢人文历史,有的人喜欢自然风光;有的人喜欢旅游中的娱乐项目,有的人偏爱旅游购物。

知觉中对象和背景的关系并不是固定不变的,对象和背景会根据一定的主客观条件进行转换。

2. 知觉的整体性

人在已有知识经验的基础上,能够把由多个部分或多种属性构成的客观事物知觉为一个统一的整体的特性,就是知觉的整体性。

知觉的整体性表现在对于已经产生过知觉的对象,即使只呈现对象的个别属性,也能产生完整的印象。例如，对吃过冰激凌蛋糕的人来说，只要看一眼就知道它是甜甜的、凉凉的、润滑的、可口的。知觉对象关键的、最有代表性的部分往往决定着对整体的知觉，其他部分则常被忽视。

在旅游过程中，旅游者知觉的整体性表现为旅游者总是将食、住、行、游、购、娱等旅游活动所包含的各个方面综合起来进行认识，进而评价某次旅游活动的好坏。例如，北京什刹海皮影文化酒店以皮影艺术为主题，位于北京历史悠久的胡同地区内，靠近后海和恭王府花园，远离繁华的街道，为旅游者提供了一个安静的休息场所。酒店从皮影中找到了灵感，大厅的采光玻璃将北京四季各异的天空色彩带入四合院空间内，让旅游者沐浴在充足的阳光里。大厅中间的皮影戏台，为旅游者提供传统而有趣的表演。

正是因为知觉的整体性，因此无论是旅游景区的规划、旅游线路的设计选择，还是旅游服务的各个部门、部门内部的各个环节，都要树立整体观念。

3. 知觉的理解性

在知觉过程中，人们总是根据已有的知识经验来解释当前知觉的对象，并用语言来描述它，使它具有一定的意义，这就是知识的理解性。在此概念中，最重要的关键词就是知识经验，不同的人有不同的知识经验，因为对同样的事物也会有不同的理解。典型的例子就是：1000个人眼中有1000个哈姆雷特，正是由于人们的知识经验不同，因此对于同样的人"哈姆雷特"就会有不一样的理解和认识，这个体现的就是知觉的理解性。

4. 知觉的恒常性

在知觉过程中，当知觉的条件在一定范围内发生变化时，人的知觉的映像仍然保持相对不变的特性就叫知觉的恒常性。例如，一个人渐渐走远，我们并不会觉得这个人本身变小了，而是会把他知觉为大小不变的对象。

案例阅读

北京什刹海皮影文化酒店

在北京什刹海幽静的胡同里，有这样一个地方：一栋封闭式的四合院，关起门来自成天地，仿佛是"缩小版的故宫"。进入庭院，犹如步入一座中国传统文化的殿堂。这里是2008年北京奥运会的"奥运人家"，也是北京市第一批入选的"北京人家"，同时也是中国第一家以皮影为主题的四合院宾馆，这里就是什刹海皮影文化酒店。

依据"依皮成形，借光树影"的创作理念，酒店将中国皮影这种古老的艺术赋予时尚的概念并全新演绎。酒店的特色之一便是前台的铜雕，它由清华大学教授亲自设计并手雕而成，是酒店中量身定制的艺术品吧台，这幅艺术之作名为"如影随行"，实现了光与影的完美结合。

酒店的房间按照中国传统皮影戏的角色分为生、旦、净、丑四种，每个房间都有其代表的戏剧角色。

最有特色的应该是酒店的大厅（图2-2）。这里采用的采光玻璃将北京四季各异的天空色彩带入四合院空间内，太阳光的照射营造出皮影戏光与影的舞动。大厅中间的皮影戏台是特别定做的，它是由修复故宫、颐和园古建筑的师傅亲手打造而成。它本身还是个牌坊，牌坊是北京古城的独特景观，又是中国特有的建筑艺术和文化载体。利用牌坊打造皮影戏台是非常罕见的，它更像是皮影艺术的文化图腾，不仅增强了皮影戏的演出效果，还增强了整个酒店的戏剧感，成为一种独具风格的北京文化的体现。

图2-2　酒店大厅

这里不仅是一家精品住宿酒店，也是一座小型皮影博物馆，同时还承担着教育和文化交流的角色。很多长期驻京的欧美家庭会来这里参与丰富多彩的活动。除了标准的住宿服务之外，宾客还能在这里欣赏古老和新潮的皮影戏，一起学习皮影戏的历史，听皮影师傅讲述皮影背后丰富多彩的故事；在皮影师傅的指导下，家长可以和自己的孩子一起在舞台上配合着饰演不同的角色，皮影融合着教育，互动包含着亲情——与其说这是一家酒店，不如称之为"胡同里的皮影交流中心"。

另外，酒店还能提供丰富的民俗互动体验，如堂会表演、包饺子、打太极、写大字、糊风筝、滚铁环等。除了上述这些特色活动，酒店还能为团体或个人提供特色旅游定制服务，如老北京三轮车胡同游、摇橹船水上游、夏季后海漫生活套餐、冬季冰场温暖体验游等。

三、利用社会知觉指导旅游服务工作的方法

（一）社会知觉的含义

人在不同的心理状态下会产生不同的知觉。知觉不再仅仅与人的经验、知识有关系，人

作为社会人存在，他的知觉中有了一定的社会性。在旅游活动中，旅游者在融入自然景观和人文景观时，就给这些景观赋予了社会性，同时，旅游者与导游员、司机、景区里的其他人建立了不同的人际关系，所以这些旅游者有了人际关系存在的知觉，就变成了旅游者的社会知觉。

社会知觉是在社会环境中对有关个人或群体特征的知觉，是人们在社会活动中产生、发展起来的社会心理活动，影响着人们的社会行为、人际关系和活动效果。

旅游者的社会知觉是指旅游者在一定的旅游环境中对人所产生的知觉，是对旅游活动服务人员或景区里的其他人的本质进行的判断与评价，是影响旅游者和旅游活动服务人员之间关系建立和旅游活动效果的重要因素。

（二）旅游者的社会知觉偏差与应用

在社会知觉中，对人的知觉依赖多种因素，只有多种因素综合分析，才能得出正确的判断与评价。如果在综合分析时，因素分析不全面，就会出现社会知觉偏差。

1. 第一印象

第一印象是在第一次接触时所留下的印象。第一次来到一个新的环境、第一次见到的人、第一次出游等，因为是第一次，所以会有新鲜感，记忆深刻。第一印象在人脑里形成后，会影响其后续对某事或某人的判断。因此，对于旅游服务人员来说，给旅游者留下良好的第一印象十分重要。

2. 晕轮效应

晕轮效应是一种普遍存在的心理现象，即对一个人进行评价时，往往会因对他的某一品质特征的强烈、清晰的感知，而掩盖了对他其他方面品质的感知。例如，旅游者看到酒店前厅地面不洁，就会推断该酒店的餐厅、客房也是这样的。反之，如果旅游者一进酒店看到前厅整洁明亮，服务人员衣着整洁，会推想到酒店其他设施也会一样好。

了解这一心理活动的特征，对于做好旅游卫生保健、维护心理健康、减少负面心理刺激都很有益。

3. 心理定式

心理定式是指在对人产生认知之前，就已经将对方的某些特征先入为主地存在于自己的意识中，使知觉者在认识他人或一些事物时不自主地处于一种有准备的心理状态。

在旅游活动中，旅游者在旅游之前就听到很多关于导游员拿回扣的传闻，所以在旅游过程中就会防备着导游员的任何推荐。旅游企业要积极探索新的旅游服务策略来消除旅游者的这种心理定式。

4. 刻板印象

刻板印象是指社会上部分人对某类事物或人所持有的共同的、笼统的、固定的看法和印象。这种印象不是一种个体印象，而是一种群体印象。

因此，在旅游工作中，面对来自不同国家和地区的旅游者时，除了了解他们的共同特征之外，还应当注意不受刻板印象的影响，进行具体的观察和了解，并且注意纠正错误的观念。

5. 期望效应

期望效应是指人们基于对某种情境的知觉而形成的期望或预言，会使该情境产生适应这一期望或预言的效应。

因此，对于相同的旅游产品和旅游服务，不同的旅游者会有不同的评价，这种评价是旅游者的一种体验和感受。对于旅游企业来说，旅游者这种看似随意的评价有重要意义。所以，旅游服务企业应该尽量满足旅游者的期望，以此来提升企业的知名度和美誉度。

知识拓展

皮格马利翁与他的雕塑妻子

期望效应也叫皮格马利翁效应，来源于古希腊神话故事。塞浦路斯的国王皮格马利翁是一位有名的雕塑家。他精心地用象牙雕塑了一位美丽可爱的少女。他深深地爱上了这个"少女"，并给她取名叫盖拉蒂。他还给盖拉蒂穿上美丽的长袍，并且拥抱它、亲吻它，他真诚地期望自己的爱能被"少女"接受，但它依然是一尊雕像。皮格马利翁感到很绝望，他不愿意再受这种单相思的煎熬，于是，他就带着丰盛的祭品来到阿佛洛狄忒的神殿向她求助，他祈求女神能赐给他一位如盖拉蒂一样优雅、美丽的妻子。他的真诚感动了阿佛洛狄忒女神，女神决定帮他。

皮格马利翁回到家后，径直走到雕像旁，凝视着它。这时，雕像发生了变化，它的脸颊慢慢地呈现出血色，它的眼睛开始释放光芒，它的嘴唇缓缓张开，露出了甜蜜的微笑。盖拉蒂向皮格马利翁走来，她用充满爱意的眼光看着他，浑身散发出温柔的气息。不久，盖拉蒂开始说话了，皮格马利翁惊呆了，一句话也说不出来。

皮格马利翁的雕塑成了他的妻子，皮格马利翁称他的妻子为伽拉忒亚。

6. 效果性偏见

效果性偏见是指那些鲜明的、更容易形象化的事件，与那些较难形象化的事件相比会被认为是较容易发生的。

在旅游活动中，某个旅行社的一次轰动较大的恶性事件一经传开，旅游者就会产生效果性偏见。这说明旅游服务企业对旅游危机的合理规避是十分必要的。

项目二 旅游者的感知特性

知识考查

1. 感觉是指人脑对客观事物_____的直接反映。
2. 人们通常把感觉分为两大类：_____和_____。外部感觉主要有_____、_____、_____、_____、_____等。内部感觉包括_____、_____和_____。
3. 知觉是人脑对直接作用于感觉器官的事物的_____的反映。
4. 根据知觉的对象，我们可以把知觉分为_____、_____和_____三大类。
5. 简述旅游者的社会知觉偏差与应用。

_____
_____
_____
_____

任务实训

巧妙利用感知觉

人们的一切活动都是从感觉开始的，感觉是知觉的基础，知觉是各种感觉的有机统一。感知觉是人的心理过程的初始阶段，是研究旅游者复杂的旅游心理的基础。旅游者从旅游过程中的食、住、行、游、购、娱等活动中获得的满足感都要通过感知觉。

实训内容：

以"巧妙利用感知觉"为主题，说明如何利用社会知觉的相关理论指导自己开展旅游服务工作。

实训目的：

通过实训，帮助学生进一步了解感觉、知觉的含义和变化规律，培养学生自我学习、提升的能力，锻炼学生的语言组织、表达能力。

实训过程：

（1）将学生分为若干小组，每小组人数由任课教师确定。
（2）各小组利用网络、书籍查找相关资料，制作PPT。
（3）每小组选派一名代表在全班交流、分享本组的研究成果。
（4）任课教师对各小组的研究成果进行评价，各小组对其他小组的研究成果进行点评。

任务二　培养良好的观察力

任务目标

1. 了解观察的定义,掌握培养良好观察力的方法。
2. 掌握提高旅游者观察力的服务策略。

任务描述

这天的行程是游览黔江区濯水古镇(图2-3)。濯水古镇地处乌江主要支流阿蓬江畔,距黔江主城26千米,交通便利,是国家5A级景区、国家级历史文化名镇,是一个集土家吊脚楼群落、水运码头、商贸集镇于一体的千年古镇。濯水古镇兴起于唐代,兴盛于宋朝,明清以后逐渐衰落,是渝东南地区最负盛名的古镇之一。作为重庆旧城老街的典型,濯水古镇街巷格局保留较为完整,具有浓郁的渝东南古镇格局,既体现了与其他城市历史街区的差异,也承载着巴文化、土家文化与汉文化的融合、传承与创新,同时码头文化、商贾文化、场镇文化相互交织。

图2-3　濯水古镇

项目二 旅游者的感知特性

陈静在讲解漯水古镇的建筑特色时,发现有的旅游者并没有随着她的讲解观察建筑的特点,他们只顾观察自己感兴趣的东西。

思考:
在旅游活动中,如何引导旅游者进行观察?

相关知识

一、观察的定义

观察是有目的、有计划、有步骤、比较持久的知觉过程。它是在感知觉的基础上,对客观事物进行感性认识的一种主动的活动形式。因为观察过程总是与思维、注意等心理活动紧密结合,所以它有时也被称为思维的知觉。

观察是人们从事生产劳动,尤其是创造发明与科学研究等智力活动的必要因素。在人类认识和改造世界的一切领域中,观察起着重要的作用。

二、培养观察力的方法

怎样才能炼就一双善于观察的眼睛呢?概括来讲,观察力是在生活实践中逐渐形成和提高的。经常进行观察训练有助于观察能力的提高。良好观察力的培养要做到以下几个方面。

(一)明确观察目的

明确观察目的是提高观察效果的前提。观察目的越明确、越具体,观察的事物就越清晰。在游览历史建筑物时,导游人员一般会引导旅游者进行观察。如果旅游者自己观看,则往往会东张西望,抓不住重点。观察目的不明确的旅游服务人员会左顾右盼、熟视无睹、心不在焉。

(二)有计划地进行观察

周密而详尽的观察计划可以使旅游服务人员按计划、有步骤地进行观察。在观察中做到有针对性地感知事物的主要特征,做到心中有数,不至于顾此失彼,遗漏重点。

(三)积累知识经验

丰富的知识经验是人们提高观察力的重要因素。旅游服务人员对知觉对象的认识受已有知识经验的影响。因此,在观察过程中,充分利用已有的知识经验,不仅能够促进观察的顺利进行,而且能够提高观察力。

（四）观察细致具体

对事物的主要特征观察得越细致、越具体，对事物的认识就越明确。在旅游服务中，旅游服务人员要对旅游者的外貌特征进行细心观察。外貌特征包括人的体型、容貌、神情、衣着、姿态等。不同地域的旅游者，其外貌特征存在明显的差异。

三、针对旅游者的观察力提供服务策略

敏锐的观察力对旅游者具有十分重要的意义。在旅游服务中，旅游服务人员要针对旅游者的观察力提供相应的服务策略。

（一）激发旅游者的兴趣

人们对感兴趣的事物会主动地去了解。在旅游过程中，激发旅游者的兴趣，可以增强旅游者观察的主动性。例如，不了解黎族竹竿舞的旅游者，听到导游人员的有关介绍后，觉得竹竿舞十分有趣，就会产生浓厚的兴趣，当他们看到这种活动时，就会主动观察竹竿舞是怎么跳的，有什么节拍和技巧。

（二）适度引导

适当的语言提示可以增强旅游者对事物的理解。很多旅游者分不清楚"东坡肉"和红烧肉，但听到导游人员关于"东坡肉"来历的介绍后，增强了对"东坡肉"的理解，再仔细观察，就很容易对两者进行区分了。

（三）总结观察结果

在旅游活动中，旅游者的观察结果是其观察力的集中体现。为保证观察的有效性，服务人员要引导旅游者总结观察结果。例如，导游人员可以在旅游者游览过湖南的张家界（图2-4）和莨山（图2-5）后，引导他们总结张家界地貌和丹霞地貌的异同，使旅游者在旅游中增长见识，积累知识。

图2-4 张家界武陵源

图2-5 莨山

项目二 旅游者的感知特性

知识拓展

莨山

莨山，位于湖南省新宁县境内，南与桂林相连，北与张家界呼应，是国内典型的丹霞地貌风景区，是国家重点风景名胜区，又是国家地质公园，总面积108平方千米，辖紫霞峒、扶夷江、骆驼峰、牛鼻寨、八角寨五大景区，地质结构奇特，山、水、林、洞浑然一体。境内有形神兼备的将军石、惟妙惟肖的骆驼峰、鬼斧神工的"天下第一巷"、地造天设的鲸鱼闹海、气势磅礴堪称亚洲第一的天生桥、高耸入云而又十分逼真的辣椒峰，这便是叹为观止的"莨山六绝"，这是大自然对莨山的恩赐，每一绝都举世无双。莨山上还生长繁衍着银杉、珙桐、华南虎、云豹、灵猫、大鲵等珍稀的动植物，为莨山增添了无限的灵动与生气。这里出土有10万年前的猕猴头骨化石，有4500年前的新石器文化遗址，有清化农民起义的寨堡，有晚清重臣刘坤一、刘长佑、江忠源的宗祠、墓葬，有异彩纷呈的民族风情，有脍炙人口的华彩诗篇。明代县人陈永猷留下了"夫夷（新宁古称）胜景天成就，摄杖归来入梦频"的美誉，著名诗人艾青留下了"桂林山水甲天下，莨山山水赛桂林"的喟叹。

莨山自古就有"五岭皆炎热，宜人独莨山"之说，四季分明，冬暖夏凉。境内国道、省道贯通，交通便利，服务设施齐全，是观光休闲、避暑度假、科学考察、探险猎奇的理想去处。

知识考查

1. 观察是在_____的基础上，对客观事物进行感性认识的一种主动的活动形式。因为观察过程总是与思维、注意等心理活动紧密结合，所以它有时也被称为_____。

2. _____是提高观察效果的前提。

3. _____可以使旅游服务人员按计划、有步骤地进行观察。

4. _____是人们提高观察力的重要因素。

5. 如何针对旅游者的观察力提供服务策略？

_____
_____
_____

任务实训

如何调动旅游者进行观察

旅游者的观察力在旅游活动中发挥着重要作用。良好的观察力有助于旅游者在旅游活动中增加信息量，获得更大的收获。

实训内容：

以"如何调动旅游者进行观察"为主题，针对本任务中陈静面临的困难，帮助她找到解决问题的方法。

实训目的：

通过实训，帮助学生深入了解观察的含义，掌握培养观察力的方法，掌握针对旅游者的观察力提供服务的策略，培养学生自我学习、提升的能力，锻炼学生的语言组织、表达能力。

实训过程：

（1）将学生分为若干小组，每小组人数由任课教师确定。

（2）各小组利用网络、书籍查找相关资料，制作PPT。

（3）每小组选派一名代表在全班交流、分享本组的研究成果。

（4）任课教师对各小组的研究成果进行评价，各小组对其他小组的研究成果进行点评。

任务三　对旅游者鉴貌辨色

任务目标

1. 能够观察旅游者的服饰。
2. 能够观察旅游者的体型、肤色、面部轮廓、发色和发型。
3. 能够观察旅游者的面部表情和眼神。
4. 能够观察旅游者的身体语言。
5. 能够了解旅游者的语言特点。
6. 能够观察旅游者的随身物品。
7. 能够观察旅游者的生活习惯。

任务描述

旅行社的刘经理带着朱华参加产品推广会，朱华有些紧张：怎样才能使客户感到满意呢？刘经理似乎知道朱华的担心，对朱华说："小朱，不用紧张，只要你仔细观察客户，就会心中有数了。你看，穿工装的是附近公司的上班族，他们下午还要赶着上班，所以推荐旅游产品要抓住重点；那位穿红色运动T恤的男士性格比较开朗、好奇心强，要多主动介绍一些

项目二 旅游者的感知特性

新的旅游线路给他……"朱华认真地听着,心里的紧张也慢慢地消失了。

下班后,朱华找到刘经理,很钦佩地说:"刘经理,你真神奇,怎么客户的心思你全都知道啊!"

刘经理笑着说:"我已经说过了,只要仔细观察客户,你就会心中有数。虽然你已经学习了不少的旅游服务知识,但在实际工作中每个客户的需要都是不一样的,我们的服务也要'以人为本'啊。"

思考:

刘经理为什么这么"神奇",能够准确地了解客户的特点?

相关知识

旅游服务中的"以人为本",就是要为旅游者提供优质、个性化的服务。只有符合旅游者心理特点的服务才能使他们感到满意。因此,旅游服务人员首先要学会如何对旅游者的各种外部特征和表现(如外表、言谈、行为、举止等)进行鉴貌辨色,从而进一步了解他们的需要、性格、动机等心理特点。

一、观察旅游者的服饰

在原始社会,人们穿衣只是为了御寒,而今天,衣着打扮已成为一种文化,蕴含着丰富的信息。我们可以通过旅游者的衣着打扮推断他们的文化修养、职业、气质、性格、国籍、年龄、婚姻状况以及宗教信仰等。例如,学者、教授等,一般衣着都比较严谨保守,不追求时髦款式,比较喜欢深颜色的衣服,给人以文质彬彬的感觉。银行及公司职员,衣着则比较讲究,男士多数是西装笔挺、领带整齐,而女士则多是职业套裙,试图给人以精明能干、守信、办事认真的印象。思想前卫、个性鲜明、性格外向的人喜欢穿款式新潮时髦、色彩艳丽、容易引人注目的衣服;思想保守、性格内向的人则喜欢色调素雅大方、款式简单的大众化的衣服。许多国家和地区还保留着传统的民族服饰,如阿拉伯地区的人喜欢穿白袍,女性还要戴上面纱。一般来讲,中老年人衣着保守;青年人衣着追赶潮流、时髦。

二、观察旅游者的体型、肤色、面部轮廓、发色和发型

由于国籍、地区和种族的不同,旅游者会有明显的外形差异。例如,欧洲旅游者大多身材比较高大、白皮肤、金头发、鼻梁较高;非洲旅游者黑皮肤、头发卷曲、鼻梁较宽矮,嘴唇较厚。

发型也能反映一个人的性格、职业、年龄等特点。例如,性格内向、保守的人一般比较喜欢自然的发型;性格开朗、活泼的人一般喜欢新潮多变的发型。

三、观察旅游者的面部表情和眼神

人的面部有丰富的表情变化，各种表情可以反映人的情绪、性格和需求等特点。面部表情丰富，人的各种情绪状态都有特定的表情变化。有的人性格外向，喜怒哀乐都很容易从表情变化中表现出来；性格内向的人往往比较善于掩盖自己的情绪，不露声色。人的眼神所表达的信息也是多种多样的，甚至比面部表情更能真实地表现一个人的情感、情绪、需求等。

"眼睛是心灵的窗户"。当一个人的眼睛长时间地注视某事物时，说明他对该事物感兴趣或有需求；当眼睛不敢直视对方、眼神飘忽不定时，说明他比较害怕、尴尬或害羞。

旅游者一个微小的表情都会传递出他的一些需求信息。例如，客人进入客房后看着床单轻轻地皱了一下眉头，可能表示他对房间的床单不太满意，如果服务人员没有仔细观察，漏掉了这个信息，那么即使你的服务做得再好，也会大打折扣的。但是如果服务人员观察到了这个细节，及时更换了床单，客人马上就能够感受到我们热情周到的服务。

四、观察旅游者的身体语言

身体语言包括手势、头势及行走姿态等，可以表现一个人的国籍、职业、性格、情绪和需求等。中国人认为"君子动口不动手"，在和别人交谈时不能有太多的身体动作，以免让人觉得粗鲁。但是一些西方国家的人，却喜欢在讲话时伴随身体动作，以增强言语的表达效果。手势或头势所表达的意思，也因国家的不同而有差异。例如，我国和大多数国家的人用"点头"表示同意、赞成，用"摇头"表示不同意、反对。一些国家的人则相反，用"点头"表示反对，用"摇头"表示同意。我们可以用一只手表达数字1~10，但西方国家的人一只手只能表示数字1~5；我们习惯用食指指鼻表示"我"，西方不少国家的人则用大拇指指胸膛表示"我"。在南亚一些地区，两只手有尊卑之分，右手表示尊重，递东西或接东西要用右手，如果用左手就表示不尊重对方。但长辈对晚辈时就可以使用左手。行李员接这些客人的行李时，一般应用右手，在客人行李较多时，也应先用右手接，再换到左手。

一个性格开朗外向的人，行走姿态也比较灵活敏捷；性格内向沉着的人走路时步伐较缓慢稳重。政府公务员、军人的步态比较正规、沉稳；而舞蹈演员则步履轻盈。当一个人心情舒畅时，步伐较轻快；情绪焦急时，步伐较急促；心境忧郁时，步伐较缓慢。

五、倾听旅游者的语言特点

一个人说话的内容、表达方式、语速、声调以及口音等，往往可以反映他的文化修养、身份地位、性格、职业、祖籍、情绪和需求等特点。俗话说"三句不离本行"，谈话中讲话者反复使用某行业的专门术语，可以表明讲话者可能是从事某个职业的。有的人讲话中会带一些方言口音，通过这些口音也可以知道这些人的籍贯。我国地域辽阔、人口众多，方言也

项目二　旅游者的感知特性

是五花八门，有经验的服务人员可以通过听客人的口音，判断客人来自什么地方。当一个人讲话比较急促，声调也比较大时，说明他的情绪激动或者有迫切需要。英国人和美国人同讲英语却在很多地方使用的单词有所不同，如"电梯"这个词，美国和加拿大人习惯用"elevator"，而英国人则习惯用"lift"。如果有客人在酒店向你打听电梯在什么地方时，使用"lift"，那么他很可能不是美国人。

六、观察旅游者的随身物品

旅游者随身携带的行李及其他物品，常常能反映他们的旅游目的、行踪、职业和性格等。一般外国旅游团的旅游者会将大件行李托运，随身只带一些轻便的物品和摄影器材；自助旅游的散客经常背着一个大背囊；商务旅行的客人行李一般比较少，手提一个装文件的公文包，随身行李有时还有货品样板；进行学术交流的旅游者则会带一些书籍、笔记本电脑等；进行探亲访友的旅游者所带的行李则比较多；新婚蜜月的客人衣着光鲜，常派发喜糖。旅游者的行李或日常用品上有时会贴上一些标志或标签，通过这些标志和标签，可以知道旅游者的行踪、国籍、身份和职业等。有时候，当服务人员发现有的行李无人认领时，可以根据行李上的标签找到行李的主人。

七、观察旅游者的生活习惯

各个国家、地区和民族的人们都有其独特的生活习惯，职业、年龄、性格等也会影响人的生活习惯。例如，欧美国家的旅游者忌讳数字"13"，不愿意住在这个号码的楼层和房间。港澳经商的旅游者则喜欢"8"，不喜欢"4"，因为"8"的谐音是"发"，代表生意兴旺，而"4"的谐音是"死"，表示不吉利。性格内向、年纪较大的旅游者一般喜欢安静，而性格外向、年轻的旅游者一般喜欢热闹。旅游服务人员可以通过观察旅游者的生活习惯掌握他们的特点，做好服务接待工作。

案例阅读

中日文化差异引起"旅游文化摩擦"

最近，随着访日中国旅游者的不断增多（图2-6），日本在热烈欢迎中国旅游者来日消费，拯救日本疲软的观光业和百货零售业，振兴日本经济的同时，也出现了责难中国旅游者礼仪和习惯问题的声音。这些声音的出现，有的是文化习惯的不同造成的摩擦，有的是对对方的文化不甚了解造成的误解。

图2-6　在日本的中国游客

1. 手纸的问题

随着中国旅游者数目的增加，日本观光地的厕所出现了"异象"。其中最为关注的是在东京的浅草寺公用厕所里用过的手纸不是扔在便池里冲走，而是扔在垃圾箱里。

日本有的人认为这是中国人没有礼貌，其实这里有个了解中国文化和现状的问题，中国有水洗厕所的地方，不一定配备像日本这样在便池里能够融化并马上冲走的纸张，中国的厕所用纸千差万别，没有统一的用纸，厕所很容易堵塞，在中国一般都在厕所里准备好装用过手纸的纸篓。现在随着中国水洗厕所的不断普及，一些专家也提议厕所不要放纸篓，这样对健康不利，但是由于中国手纸质量千差万别，水压高低不同，要做到日本这样，还需要很长时间的发展，中国客人的这种做法，不是恶意而是好心，他们担心厕所堵塞。

2. 这里不能砍价

还有的商店，对中国人"砍价"觉得不可思议，日本一般是不砍价的，但是这里首先也有个文化问题，就是中国商业随着市场经济的发展，各种商业形态非常发达，一物百价的情况经常出现。第二是一些导游，为了取得高额回扣带中国旅游者去那些不守商业规则的店铺，让中国旅游者花高价购买商品，还有的导游哄抬物价，搞乱了中国旅游者的价格感觉。

有的商店经营者认为，中国人经常打开商品的包装，他们对此很不满意。追其原因，当然有中国人不了解日本的商业习惯的因素，但是在购买商品时不打开包装对于商品的真伪会抱有怀疑。解决这个问题的最好办法就是商家多摆出些样品，增加中国旅游者对商品的真实性的感官认识。

对于这些问题，日本媒体的一些做法值得称道，他们不是听信一面之词，贸然报道，而是认真采访《中文导报》等华文媒体，理解中日的文化和发展阶段不同，进行消除文化摩擦的报道，如对于浅草寺的手纸事件，《产经新闻》通过采访《中文导报》指出：这是由于两国厕所文化存在差异，"中国游客并非恶意而为，他们是因为想到'堵塞马桶就糟糕了'，才将手纸丢在外面的。"日本人就没有这样的担心，他们如厕后直接将手纸丢进马桶冲走。

由此可见，要想使中日间的旅游事业进行下去，中国人要快速"入乡随俗"，同时克服在禁烟区吸烟、插队、随地吐痰、大声喧哗等习惯，而日本接待方面也要加深理解中国的发展阶段和不同的文化，"有容乃大"，不要把自己的文化作为唯一的尺度衡量外国游客，并由此产生拒绝和排斥的心理。

项目二 旅游者的感知特性

 **知识考查**

1. 我们可以通过旅游者的_____，推断他们的文化修养、职业、气质、性格、国籍、年龄、婚姻状况以及宗教信仰等。

2. _____也能反映一个人的性格、职业、年龄等特点。

3. _____可以表现一个人的国籍、职业、性格、情绪和需求等。

4. 旅游者随身携带的_____，常常能反映他们的旅游目的、行踪、职业和性格等特点。

5. 简述如何观察旅游者的身体语言。

_____
_____
_____
_____

 **任务实训**

火眼金睛识客户

对旅游者的鉴貌辨色是一门有实际意义的学问，我们要在服务工作中，通过虚心向有经验的人请教，以及自己的实践，进行认真思考、不断积累经验，才能掌握这门学问，使之成为工作中有用的工具，为旅游者提供优质的服务。

实训内容：

以"火眼金睛识客户"为主题，教师准备若干张人物照片，各小组组长上台抽取，根据人物的特征说明服务要点。

实训目的：

通过实训，帮助学生进一步了解心理学的基本原理和研究方法，培养学生自我学习、提升的能力，锻炼学生的语言组织、表达能力。

实训过程：

（1）将学生分为若干小组，每小组人数由任课教师确定。

（2）各小组利用网络、书籍查找相关资料，制作PPT。

（3）每小组选派一名代表在全班交流、分享本组的研究成果。

（4）任课教师对各小组的研究成果进行评价，各小组对其他小组的研究成果进行点评。

项目总结

　　感觉是指人脑对客观事物个别属性的直接反映。人们通常把感觉分为两大类：外部感觉和内部感觉。

　　知觉是人脑对直接作用于感觉器官的事物的整体属性的反映。社会知觉是在社会环境中对有关个人或群体特征的知觉，是人们在社会活动中产生、发展起来的社会心理活动，影响着人们的社会行为、人际关系和活动效果。知觉的变化规律有选择性、整体性、理解性、恒常性。

　　观察是有目的、有计划、有步骤、比较持久的知觉过程，有时也被称为思维的知觉。

　　旅游服务人员首先要学会如何对旅游者的各种外部特征和表现（如外表、言谈、行为、举止等）进行鉴貌辨色，从而进一步了解他们的需要、性格、动机等心理特点。

　　通过本项目的学习与实训，写下你的收获。

自我小结：

_____
_____
_____
_____
_____

教师评价：

_____
_____
_____
_____
_____

项目三　旅游服务素养

项目导入

旅游服务人员主要涉及旅行社服务人员、旅游景区服务人员、旅游酒店服务人员等。例如，导游人员就是在旅行社从事一线服务的工作人员，其运用专业知识和技能，为旅游者组织、安排旅行和游览事项，提供向导、讲解和旅途服务。其人品正是其心理素质的体现。

旅游服务中更多的是服务人员与旅游者面对面的服务，而且旅游企业都把"一切旅客着想""客人总是对的"这些口号作为旅游服务的宗旨。因此，此职业对服务人员的心理特征有着一定的要求。

项目情境

陈静通过一段时间的带团，积累了一些实战经验，也得到了刘经理的认可。刘经理决定派她带市外团，让她得到更多的锻炼。陈静接到的新任务是暑假期间的武汉—长江三峡游，团内的旅游者有一些是父母带着孩子趁假期来旅游的。

项目导航

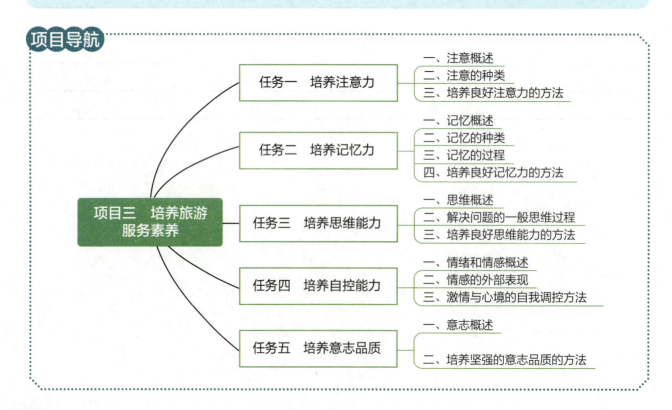

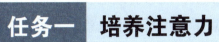

任务一　培养注意力

任务目标

1. 了解注意的定义、特点和类型。
2. 掌握培养良好注意力的途径。

任务描述

第一天游览黄鹤楼，陈静用了半个小时的时间详细地讲解了极具魅力的黄鹤楼的历史和传说。结果有一些旅游者听着听着就跑神了，还有一些旅游者干脆自己观看，不听她的讲解。陈静认为自己对黄鹤楼的讲解准备得很充分，却没有能牢牢地抓住旅游者的注意力。

思考：
讲解过程中怎样抓住旅游者的注意力？

相关知识

我们可能曾经碰到过这样的情况：在餐厅里服务人员不小心把碟子掉在地上摔碎了，发出"啪"的响声，这时几乎所有人都会被这个声音吸引过去。还有另外一种情况：客人在吃完饭后打算买单，于是他举手示意附近的服务人员，可是那个服务人员明明眼睛望着客人的方向，却"视而不见"，任何行动都没有，等客人大声叫了他才反应过来。上述的两种情况都说明了一种心理现象，这种心理现象是什么？

一、注意概述

（一）注意的定义

注意是心理活动对一定对象的指向和集中。

注意是心理过程的开端，也是心理过程顺利进行的必要条件。如果没有注意，感觉、知觉和观察等心理过程都不能有效地进行。

在生活中，许多新驾驶员喜欢在汽车后窗或车尾贴上提示语，除了常见的"新手上路""磨合期内"之外，还有"别追了，本人已婚""别吻我，我怕羞（修）"等，一语双关、妙趣横生，能够有效地吸引人们的注意。当人们把心理活动指向并集中在某些内容上时，就是注意了。正是有了注意，人们才能认识周围的世界。

（二）注意的特点

1. 指向性

注意的指向性是指人以一定的事物作为心理活动的对象。例如，在旅游景区，某位旅游者在拥挤的人群中遇到了多年未见的老朋友，他就会把注意力指向这位朋友，而把其他人作为背景。可见知觉活动伴随着注意。

人在清醒状态时的每一瞬间总是在注意着一定的事物，平时讲的"没有注意"，并非指心理活动在进行时不指向任何事物，而是没有指向并集中于当前应该注意的对象，而指向了其他无关的事物。

2. 集中性

注意的集中性是指人的心理活动在特定的对象上保持并深入下去。旅游者的心理活动不仅指向特定的对象，而且可以使注意在这个对象上保持相当长的时间。集中性使注意对象得到鲜明而清晰的反映，而周围事物得到的反映则比较模糊，或者根本得不到反映，产生"视而不见、听而不闻"的现象。

注意的指向性和集中性是密不可分的，它们是同一注意状态的两个方面。当旅游者的心理活动指向某一对象时，也就集中在这一对象上。没有指向性也就没有集中性，指向性又通过集中性表现出来，它们是相互联系、相互统一的关系。

二、注意的种类

根据注意时有无目的性和意志努力程度的不同，我们可以把注意分为无意注意和有意注意两大类。

（一）无意注意

1. 无意注意的含义

无意注意是指事先没有预定目的，也不需要做任何意志努力的注意。无意注意常常是由周围环境发生变化引起的，表现为在一定刺激物的影响下，旅游者不由自主地注意到新事物。例如，旅游者走在彭水摩围山的林荫路上，忽然出现的小动物会引起他的注意，这就是无意注意。

2. 引起无意注意的因素

（1）注意对象与背景的差异。

能引起人们注意的事物是注意对象；反之，没有引起注意的周围环境是注意背景。在绿叶丛中看到红色的小鸟，旅游者往往会把小鸟作为注意对象。

无意注意的注意对象与背景之间的差异，主要有以下三种：

第一，静止状态间的对比。同样是静态的事物，对象和背景的差异越大，越容易引起旅游者的注意。

第二，静止状态和运动状态的对比。相对静止的背景，运动变化的事物更容易引起旅游者的注意。

第三，运动状态间的对比。同样运动着的事物，运动状态的对比差异越大越容易被注意到。

（2）旅游者自身的因素。

旅游者自身的因素主要包括旅游者的情绪状态、兴趣、需要和经验水平等，这些都对无意注意有着直接影响。

情绪状态。旅游者的情绪状态在很大程度上影响着无意注意的范围。如心情愉快、喜悦时，注意的范围会很广，平时注意不到的事物，这时也很容易引起旅游者的注意。反之，忧郁、沮丧状态下的旅游者，注意的范围会变小，对平时很吸引其注意的事物也会视而不见。

兴趣、需要。一般情况下，凡是旅游者感兴趣的、满足其需要的事物都容易引起无意注意。另外，旅游者也比较容易注意到一些令自己产生积极态度的、特别是富有感情态度的事物。

案例阅读

《张家界版江南style》引热议

一曲《江南style》的MV（Music Video，音乐短片）让全世界网友为之疯狂、模仿，在发行短短两个月中被播放达3.2亿次，且不断被网民刷新。在湖南张家界，网友更是别出心裁地翻拍《江南style》，美其名曰《张家界版江南style》（图3-1）。

《张家界版江南style》全长4分54秒，主要取景于世界自然遗产武陵源天子山、袁家界、十里画廊、黄龙洞、宝峰湖等景点及盛美达酒店、环保车客运公司等企业，以欢快、轻松、夸张的手法充分展示了张家界绝美的自然风光和独特的民俗风情。在《张家界版江南Style》中，既可以欣赏到世界罕见的张家界地貌风光，也可以观看到神秘的张家界民族文化（三棒鼓、茅古斯舞蹈等），还可以邂逅美丽的《阿凡达》纳美人。

图3-1 《张家界版江南style》剧照

作为《张家界版江南style》拍摄主创人员之一的毛坚坚,现供职于张家界市武陵源区宣传促销科,曾是轰动世界的2010年张家界阿凡达事件的重要策划者。谈及本次拍摄,毛坚坚称,旅游就是寻找快乐,旅游策划就是不断制造兴奋点,《张家界版江南style》就是用娱乐的精神,用最通俗易懂的方式向海内外网民、游客传递张家界迷人的风景和诱人的风情。他相信,继"卡通市长"之后冒出的"鸟叔局长",能在一定程度上助推《张家界版江南style》成为张家界旅游宣传的一张新"名片"。

(二)有意注意

有意注意是有预定目的,并需要做出一定意志努力的注意。有意注意的指向和集中不取决于刺激物的特点,而是取决于旅游者已确定的活动目的和任务,它的保持还需要做出一定的意志努力。

例如,餐厅柜台收款员在工作中要努力排除嘈杂环境对工作的干扰,快速正确地算账和结账。如果没有有意注意,餐厅内发生的各种事情都会引起他的无意注意,他也就无法正常地工作,这样可能就会出现服务人员对身边客人的示意"视而不见"的情况。因为有意注意需要意志努力,所以可以将心理活动持久地指向和集中于一定的对象,但当人们进行了长时间的有意注意后,往往容易产生疲劳。

有意注意需要一定的意志努力,容易使人感到枯燥乏味和疲劳。无意注意由于没有目的和任务,也难以维持稳定。因此,只有无意注意和有意注意相互配合、相互转化,才能使人更自觉、更有兴趣地投入一项活动中,使活动达到最佳效果。例如,在导游的过程中,导游人员应利用有意注意和无意注意的相互转化,使导游的形式既生动多样又有一定的知识性,让旅游者在轻松愉快的氛围中了解当地的风土人情。

三、培养良好注意力的方法

旅游服务人员要具有良好的注意力，及时发现客人的需要，为他们提供优质的服务。例如，导游人员在喧闹的景区中要"眼观六路""耳听八方"，时刻注意自己所带旅游团的情况。要提高注意力就要培养良好的注意品质。注意品质包括注意的稳定性、注意的范围和注意的分配三个方面。

（一）努力提高注意的稳定性

注意的稳定性是指注意长时间地保持在某一事物或某种活动上。心理活动不容易长时间地集中在某一事物上，保持稳定的注意状态。当我们集中注意在某一件事物上时，不久后注意力总会不知不觉地分散到其他事物上。但是，我们可以通过一定的方法有效提高注意的稳定性，也就是注意保持的时间。

（1）要明确活动的目的和任务。如果我们对活动的目的和任务不明确或理解得不透彻，往往容易分心，难以对这项活动保持较高的注意稳定性。所以，旅游服务人员只有深刻地认识到旅游服务工作的意义，才能在工作中始终保持注意力集中，为旅游者提供优质的服务。明确活动的目的和任务是提高注意稳定性的重要条件。

（2）要培养对活动的兴趣。我们都有这样的体会，当进行一些自己不感兴趣的活动时，容易觉得枯燥厌烦，难以保持稳定的注意；而在做那些自己很感兴趣的事情时，却能够长时间保持高度集中的注意力，甚至可以达到"废寝忘食"的程度。所以，旅游服务人员只有培养自己对旅游工作的浓厚兴趣，才能在工作中取得优异的成绩。否则，就可能产生厌倦的消极态度，在工作中容易受到一些无关因素的干扰而不能保持注意的稳定性。

（二）努力扩大注意的范围

注意的范围是指在一定时间内能注意到的对象的数量。在日常生活中，我们的眼前会有各种各样的事物，耳边会有各种各样的声音，但在同一时刻，你能看清楚几个事物，听清楚几种声音呢？

首先，注意范围的大小和个人的知识经验有密切联系。对于熟悉的事物，我们的注意范围会比较大；对于陌生的事物，我们的注意范围会比较小。一些有经验的餐厅服务人员能够同时照顾四五席客人就餐的情况，对客人细小的手势、细微的表情也能够迅速地做出反应；而一些新服务人员在客人比较多的时候，往往容易手忙脚乱，应付不过来，就连眼前客人的举手示意也看不见。

其次，注意范围的大小也受任务要求的影响。任务越重要、要求越明确，注意的范围就越大。

项目三 旅游服务素养

> **知识拓展**
>
> **注意范围实验**
>
> 1871年，心理学家耶文斯做了一个有关注意范围的实验。
>
> 他在一个黑色的背景中水平放一个白色的盘子，然后在一定的距离外向盘子撒一些黑豆，这样一部分黑豆会落在盘子上。耶文斯要求实验者在白盘上的黑豆刚一稳定下来时，马上报告所看到盘子中黑豆的数目。经过一千多次对不同人的重复实验后，耶文斯发现当落在盘子上的黑豆数目小于9时，实验者估计的正确率在50%以上。但当黑豆数目超过9时，正确率不足50%，数目越大，正确率就越低。这个实验说明，人的注意范围是很有限的。

（三）合理进行注意的分配

注意的分配是指在同一时间内，把注意指向两种或两种以上的对象或活动上。在实际活动中往往需要人同时将注意指向两个或多个事物和活动。例如，餐厅服务人员在客人点菜时要一边听一边记录；司机开车时要一边驾驶一边留意路上的交通情况。要使多个活动同时顺利进行，就需要将注意合理地分配到这几项活动中。

合理的注意分配需要符合两个条件：首先，在同时进行的活动中至少有一种已经达到相当熟练的程度；其次，这些活动不能相互排斥。

注意力的表现是有个别差异的。有的人注意转移和分配的能力较强，有的人则稍弱；有的人注意的范围很广，有的人则较狭窄；有的人注意比较稳定，有的人则容易分散。这些个别差异与个人的神经机能状态有一定的关系，但主要还是由于实际生活、教育和训练的不同造成的。因此，通过有系统的实践锻炼和主观的努力可以提高自己的注意力。

知识考查

1. ＿＿＿＿＿是心理活动对一定事物的指向和集中。
2. 注意的＿＿＿＿＿显示出心理活动具有选择性，总是有选择地指向一定的对象。
3. 根据注意时有无目的和意志努力的程度，注意可分为＿＿＿＿＿和＿＿＿＿＿。＿＿＿＿＿是没有预定目的，也不需要做任何意志努力的注意。＿＿＿＿＿是有预定目的，并需要做出一定意志努力的注意。
4. 作为旅游服务人员，我们应该如何培养良好的注意力？

_____

_____

_____

_____

任务实训

训练注意力

实训内容:

舒尔特方格是在一张方形卡片上画1厘米×1厘米的25个方格,格子内任意填写上阿拉伯数字1~25共25个数字。要求一名学生用手指按1~25的顺序依次指出其位置,同时诵读出声;另一名学生一旁记录所用时间。数完25个数字所用时间越短,注意力水平越高。

实训要求:

1. 每表按字符顺序,迅速找全所有的字符,平均1个字符用1秒钟成绩为优良,即9格用9秒、16格用16秒、25格用25秒。

2. 练习开始,达不到标准是非常正常的,切莫急躁。应该从9格开始练起,感觉熟练或比较轻松地达到要求之后,再逐渐增加难度,千万不要因急于求成而使学习的热情受挫。

3. 视野较宽、注意力较好的读者,可以从25格开始练习。如果有兴趣继续提高练习的难度,还可以自己制作36格、49格、64格、81格、100格、121格的表。

4. 为了避免反复用相同的表产生记忆,你可以自己动手制作不同难度、不同排序的舒尔特方格,规格大致为边长20厘米的正方形,1套制作10张表。汉字一定要选择自己熟悉的文字。

任务二　培养记忆力

任务目标

1. 了解记忆的概念、分类,理解记忆的过程。
2. 掌握培养良好记忆力的途径。

任务描述

第一天的旅游行程结束了,在回酒店的车上,陈静和旅游者提到了今天的旅游内容,他发现有的旅游者已经忘记了最初的一些旅游活动。

思考:

如何在旅游过程中深化旅游者的记忆?

项目三　旅游服务素养

相关知识

在东京奥运会上，你看了紧张激烈的乒乓球男团决赛，中国队战胜德国队，赢得了比赛，你的心情激动不已。第二天，当你碰到同学的时候，你们谈起了昨天的那场比赛，你告诉他比赛如何精彩……你越讲越兴奋，情不自禁地手舞足蹈起来。为什么对于一些已经发生的事情，人们还能够想起来，甚至好像身临其境一样呢？

一、记忆概述

客观事物作用于人的感觉器官时，大脑就会对这些事物做出反应，产生感觉和知觉。当客观事物离开感知范围后，相应的感知觉也随之消失，但这些事物在大脑中产生的映像并不会立即消失，而是可以保持一定的时间。所以即使一些过去经历过的事物不直接作用于感觉器官，大脑仍可以出现它们的映像，这种现象就是记忆。

记忆是人脑对过去经验的反映。

由于有记忆，凡是人感知过的事物、思考过的问题、体验过的情感以及操作过的动作，都可以以映像的形式保留在大脑中。一段时间后，在一定条件下，即使客观事物不作用人的感官，也可以在大脑中重新进行反映。例如，小李去重庆市旅游，尽管已经过了很长时间，但他对在重庆吃到的老火锅仍记忆犹新，时常和朋友谈起。但是记忆不是直接以客观事物为对象，而是以保留在大脑中的事物的映像为对象，对事物进行间接的反映。

知识拓展

常用的助记法

1. 多种感官并用记忆法

在记忆时，如果能同时使用多种感官，做到眼看、口读、手写、耳听，效果比单纯的看或听要好得多。

2. 尝试回忆记忆法

在识记一份材料时，可以先通过读、抄、听，识记几遍后，尝试着不看原文进行回忆，当回忆不起来时再看原文，然后继续回忆，直到完全背诵或默写出来。这种方法比单纯重复诵读的效果好。

3. 列表对比记忆法

列表对比记忆法是将记忆材料按其结构特点，用图表的形式进行归类、对比，通过图表使繁杂的内容简单化、特征化、条理化，一目了然，易于记忆。

4. 分段分散记忆法

对较长或较复杂的材料，可以采用分成几段分散地进行记忆，然后再综合起来。这种方法比集中复习的记忆更牢固。

二、记忆的种类

（一）瞬时记忆、短时记忆和长时记忆

根据记忆内容保存时间的长短，我们可以把记忆分为瞬时记忆、短时记忆和长时记忆。

1. 瞬时记忆

瞬时记忆的存储时间为 0.25~2 秒。瞬时记忆的容量很大，但保留的时间很短。当信息受到注意时，即得到识别，转入短时记忆。没有被注意到的信息会很快消失，被遗忘掉。

2. 短时记忆

短时记忆是瞬时记忆和长时记忆的中间阶段，保持时间为 5 秒 ~2 分钟。短时记忆的容量有限。例如，在生活中，人们对很多手机号码都无法记住，通常将其储存在手机中，需要时，查到该手机号码立即拨打，打完电话后，手机号码就忘记了，这种对手机号码的记忆就是短时记忆。学生边听课边记笔记也属于短时记忆。

3. 长时记忆

长时记忆是指保持时间在一分钟以上，至几天、几个月、几年乃至终生的记忆。长时记忆的容量没有限度，信息的来源大部分是加工过的短时记忆的内容。我们平常所说的记忆的好坏主要指长时记忆。例如，很多成年人依然保持着儿时的某段记忆。

瞬时记忆、短时记忆和长时记忆的区分是相对的，它们之间是相互联系、相互影响的。任何信息都必须经过瞬时记忆才可能转入长时记忆，没有瞬时记忆的登记和短时记忆的加工，信息就不可能长时间地存储在头脑中。

（二）理解记忆和机械记忆

根据记忆的方法，我们可以把记忆分为理解记忆和机械记忆。

1. 理解记忆

理解记忆是通过理解材料的意义，把握材料内容的记忆。例如，了解人文景点的历史背景、历史故事，可以更好地理解景点的历史意义。

2. 机械记忆

机械记忆是指根据材料的外部联系或表现形式，采取简单重复的方式进行的记忆。例如，导游向旅游者介绍蚩尤大殿（图 3-2），就需要机械记忆大殿的相关信息：蚩尤大殿是九黎城的灵魂工程，共 9 个开间，进深 12.99 米，殿高 15.9 米，最大的木柱直径为 60 厘米，

为俄罗斯柏木。殿内梁架有 5 匹巨大梁木，雕刻有太极八卦、金书、宝剑和龙凤纹卷草、云纹等图案，象征蚩尤的威严。因为苗族是东夷族的后代，有尚东的习俗，而蚩尤是东夷集团九黎部落的首领，所以大殿坐西朝东。大殿正中供奉着纯青铜铸造的蚩尤坐姿神像，高 5.99 米，宽 3.3 米，厚 1.9 米，重达 40 吨，是我国最大的蚩尤座像。大殿两边展示了与蚩尤相关的器物、图片、图画、兵器和蚩尤发明等。

图 3-2　蚩尤大殿

（三）形象记忆、情绪记忆、逻辑记忆和动作记忆

根据记忆的内容，我们可以将记忆划分为形象记忆、情绪记忆、逻辑记忆和动作记忆四种类型。

1. 形象记忆

以感知过的事物形象为内容的记忆叫形象记忆。这些具体形象可以是视觉的、听觉的、嗅觉的、触觉的和味觉的形象。旅游者对看过的风景、听过的音乐的记忆就是形象记忆。这类记忆的显著特点是保存了事物的感性特征，具有直观性。

2. 情绪记忆

情绪记忆是以过去体验过的情绪或情感为内容的记忆。引起某种情绪或情感的事件已经过去，但对该事件的体验仍保持在记忆中。在一定条件下，这种情绪或情感又会被重新体验到。情绪记忆既可能是积极愉快的体验，也可能是消极不愉快的体验。在旅游中，旅游者对见到美丽景色的兴奋心情的记忆是积极愉快的情绪记忆；对遇到旅游车堵在路上的郁闷感的记忆则是消极的情绪记忆。

3. 逻辑记忆

逻辑记忆也叫意义记忆，是以词语、概念、判断、推理、公式、定理等为内容的记忆。逻辑记忆是人存储知识的最主要形式，是人类所特有的记忆。

4. 动作记忆

动作记忆即运动记忆，是以做过的动作或运动为内容的记忆。例如，对在海边玩滑翔伞、潜水、冲浪，和家人骑自行车等动作的记忆（图3-3），都属于动作记忆。

图3-3　和家人骑自行车

三、记忆的过程

电脑的工作过程是这样的：首先通过鼠标、键盘、扫描仪等外接设备输入信息，然后把这些信息储存在硬盘等存储器中，需要时再把信息从存储器中提取出来，显示在液晶显示器、打印机等输出设备上。那么，人脑的记忆过程是怎样的呢？

记忆的基本过程包括识记、保持、再认和回忆。

（一）识记

识记是通过感知活动将信息输入大脑的过程，是记忆过程的第一步。识记可以分为无意识记和有意识记两种。

无意识记是没有预定目的，没有采用任何识记方法，也不需做意志努力的识记。我们经历过的一些印象比较深刻的事情，即使没有刻意地记，也能长久地保留在记忆中。无意识记具有很大的偶然性、片段性和选择性。那些在生活上具有重要意义，符合人的兴趣、需要，能激发强烈情感的事物，容易被记住。

但是有我们经历过的，甚至是经常接触的事物，如果没有一定的意图，也不能在大脑中留下印象。我们学习知识、掌握技能，就要对有关的材料进行有目的的，按一定的方法步骤，并且需要做出意志努力的有意识记。

根据识记时对材料意义的理解程度，有意识记可以分为机械识记和意义识记两种。机械识记是根据事物表面的形式，通过多次机械地复述进行识记的方式。例如，对历史年代、外语单词、电话号码、人名、地名等的识记，就是机械识记。机械识记的基本条件是重复。意义识记是根据事物的内在联系，通过理解事物意义进行识记的方式。例如，对定义、公式、定理、法则、规律等的识记，就是意义识记。意义识记的基本条件是理解。

（二）保持

保持是识记的延续，是把识记的信息在大脑中进行储存的过程。我们的大脑储存大量的信息，保持在大脑中的信息并不是一成不变的，而是会发生变化的。

保持在大脑中信息的量的减少称为遗忘。我们识记的信息中有相当一部分不能被大脑保持而被遗忘。遗忘是有规律的：先快后慢、先多后少。

（三）再认和回忆

再认和回忆是将大脑中保持的信息提取出来的两种形式。

再认是指对过去识记过的事物再次感知时感到熟悉，可以识别和确认。例如，学生在考试和测验中做选择题时，根据学过的知识在几个选项中选取出正确的答案，就是再认的过程。

回忆是指过去识记过的事物不出现，而能够在大脑中重现这些事物的形象或有关信息。例如，学生在考试和测验中做填空或者问答题时，要靠在头脑中重现已经学过的知识作答，就是回忆的过程。回忆的记忆程度比再认高，能再认不一定能回忆，而能回忆的一般都能够再认。例如，在学习英语时，有许多单词我们认识，但是却不能默写出来。因此，记忆是否牢固主要通过回忆来检验。

回忆可以分为无意回忆和有意回忆两种。无意回忆是没有预定的目的和意图，也不需要努力搜索，而自然地想起过去的事物。我们平常说的"触景生情""睹物思人"就是无意回忆。有意回忆有预定的目的和意图，需要自觉、主动地搜索经历过的事物。例如，服务人员回答客人的各种询问时，就需要进行有意回忆。

在记忆的三个环节中，识记、保持是"记"的过程，再认和回忆是"忆"的过程，两者是紧密相连、缺一不可的。一方面，"记"是"忆"的前提和基础，没有识记和保持，大脑中也就没有可提取的信息供再认和回忆；另一方面，"忆"又是"记"的体现和结果，识记和保持的信息如果不能再认和回忆，也是没有意义的。

> **知识拓展**
>
> ### 记忆的最佳时间
>
> 人一天一般有四个记忆高潮。
>
> （1）早晨起床后。由于大脑经过一夜的休息，既对前一天所学的知识有重新的组合，又对此时学习的知识印象清晰。
>
> （2）8:00—10:00。这时人的精力最旺盛，大脑工作严谨、思考周密，学习知识容易理解和消化。
>
> （3）18:00—20:00，也是记忆的最佳时间。
>
> （4）睡前一小时，记忆有利于知识的巩固。
>
> 根据这一规律，早晨最好安排短时记忆的内容，如每天提问的内容、考试时急用的知识等，上午适合学习新知识，晚上适合学习需要长期记忆的内容。

四、培养良好记忆力的方法

无论是在学习中掌握知识，还是在工作中积累经验，良好的记忆力对我们具有非常重要的意义。旅游服务工作对从业人员的记忆力提出了很高的要求。例如，导游要熟记各地的风景名胜、物产民情、历史典故及民间传说等资料；前台接待员要记住几种外语的日常用语，酒店的服务设施情况，本地的旅游交通、天气等信息，以备客人询问；餐厅服务人员要记住餐厅各种菜肴的名称、材料、烹饪方式以及价格等。所以，良好的记忆力是一名优秀的旅游服务人员应具备的基本素质。培养良好的记忆力应当注意以下几个方面：

（一）明确识记的目的、任务和树立识记的信心

如果没有明确的识记目的，即使是经常接触的事物也不能记住。例如，我们每天都要走楼梯，却不一定能记住梯级的数目。所以我们学习一门课程前或者进行一项工作前，首先要明确学习或工作的目的和任务。这样，在活动中我们才能有目的地进行识记，并自觉地克服各种干扰，同时使有关的信息能够在大脑中长期保持。在识记时要树立信心，只有有了信心才能在识记过程中始终保持积极的态度、高度的注意力和活跃的思维，记忆的效果和质量才会提高。

（二）掌握正确的识记方法

我们存放东西时，将物品分门别类地堆放整齐，这样提取时才比较方便；如果随意乱放，就容易丢失，查找起来也比较困难。同样，如果记忆时只是盲目地死记硬背，即使花了很大的力气，效果也不会很好。所以在识记时，要根据材料的特点选择适当的方法。注意分散、三心二意，很难记住东西，因此在识记的过程中要保持良好的状态，集中精力以克服干扰；识记时，如果仅依靠一种感官，往往容易使人疲劳，而利用多种感官的协同识记或者结合实际操作，才会提高记忆的效果；对一些无意义的、难以理解的或凌乱的材料，要重新整理使之转化成有意义、易于理解和有系统的材料，将机械识记转化成意义识记，记忆就会比较牢固；对于内容比较繁多的材料，可以拆分成一些小的部分分别识记，减少每次识记材料的数量。

（三）合理地进行复习

没有适当的复习，识记的材料就容易遗忘，但是如果复习安排得不合理，也不能有效地进行记忆。

（1）及时进行复习。从艾宾浩斯的遗忘曲线可以发现，遗忘最快的时候是在刚识记完的一段时间内，这是因为新学的材料在大脑中保持得很不牢固，容易消失。所以复习一定要及时，在信息即将消失时重新强化、巩固。如果错过了时机，就只能重新再进行识记。

（2）复习安排应先紧后松。复习的效果不取决于复习的次数，要分配好复习的时间。刚学过的知识不但要及时复习，还要适当增加复习的时间。随着记忆巩固程度的提高，复习的

时间和次数可以逐渐减少。复习并不意味着单纯地机械重复，多样化的复习可以使新旧知识结合得更牢固。

合理安排复习可以提高记忆的持久性，也可以利用记忆的黄金时间进行识记。

（四）利用联想手段

我们在回忆时往往会出现这种现象：当我们回忆起某人或某件事时，往往也能将与其相关的一些人和事回忆出来，这就是联想。培养良好的记忆力要善于利用各种记忆之间的联想，由当前感知的事物回忆起另一些事物，或者由当前回忆的事物联想起其他事物。通过一条线索，把保持在大脑中的有关材料迅速提取出来，供当前的活动使用，而不用将所有有关信息一下子全部提取出来，造成回忆负担和困难。所以，良好的联想力可以提高记忆的敏捷性和备用性。

知识考查

1. _____是人脑对过去经验的反映。
2. 根据_____，我们可以把记忆分为瞬时记忆、短时记忆和长时记忆。
3. 根据记忆的内容，可以将记忆划分为_____、_____、_____和_____四种类型。
4. 记忆的基本过程包括_____、_____、_____。
5. _____是通过感知活动将信息输入大脑的过程，是记忆过程的第一步，可以分为_____和_____两种。
6. 遗忘是有规律的：_____。
7. 作为旅游服务人员，我们应该如何培养良好的记忆力？
_____
_____
_____
_____

任务实训

提高旅游记忆力

盯住一张画，然后闭上眼睛，回忆画面内容，尽量做到完整，如画中的人物、衣着、桌椅及各种摆设。回忆后睁开眼睛再看一下原画，如不完整，再重新回忆一遍。这个训练既可培养注意力的集中，也可使注意范围更广。

任务三 培养思维能力

 任务目标

1. 了解思维的概念、特点，理解解决问题的一般思维过程。
2. 掌握培养良好思维能力的途径。

 任务描述

陈静带领旅游团前往下一个旅游目的地——湖北省博物馆。一路上，大巴车走走停停，最后干脆停在了路边。陈静急忙下车了解情况，原来前方不远处发生了交通事故，造成交通拥堵，交警已经在处理了，但是要顺利通过还需要等待一段时间。行程很可能会延误，有些旅游者开始抱怨……

思考：

如果你是导游人员陈静，应采取哪些补救措施，尽量使客人在该地逗留期间过得愉快？

 相关知识

当你在教室里埋头苦读时，抬头看见很多走进教室的同学提着伞，而且雨伞还是湿漉漉的，这时你就知道外面一定是下雨了。为什么我们不用到室外就能知道外面的天气呢？

这是因为人有发达的大脑，有复杂的思维活动，能够通过思维活动去认识事物的内在特性、了解未知世界、总结规律及解决各种问题等。思维是高级的心理活动。

一、思维概述

（一）思维的含义

思维是人脑以已有的知识为中介，对客观事物间接和概括的反映。

思维是在感知觉的基础上形成的，同时又对感知活动具有指导作用，是认识过程的高级阶段。

（二）思维的特点

1. 间接性

思维的间接性是指思维不是直接地反映具体的事物，而是通过其他事物的媒介，借助已有的知识经验，反映事物的本质特性和事物间的内在联系。例如，酒店服务人员看到旅游者游览某个景点后兴高采烈地回到酒店，就可以推测他们今天一定玩得很愉快。虽然酒店服务人员并没有亲自陪同客人外出，不可能直接知道客人游览的情况，但是可以通过客人的动作、神情间接地了解他们游览时的心情。

2. 概括性

思维的概括性是指思维反映的不是个别的事物或事物的个别特征，而是根据已有的知识经验，透过事物的外在表现，提取其本质属性，从而抽象出同一类事物的共同特征，并用这个共同特征代表属于这一类的所有事物。例如，思维时在大脑中出现的"树"，既没有种类、大小、颜色，也没有树枝和树叶的具体数目。思维中的"树"并不是我们感知过的某一棵具体的树，而是指一切有根、枝干和叶子的树。世界上不可能有两棵相同的树，但是大脑却可以用这个没有形状、大小和颜色的"树"，表示现实中所有的树。概括性越高，思维的水平就越高。

通过思维的间接性和概括性，人们可以认识那些没有或不可能直接作用于人脑的各种事物和事物属性，可以预测事物发展变化的进程，使人类的科学文明不断地发展进步。

> **知识拓展**
>
> **思维的基本过程**
>
> 思维是一种复杂的心理现象，包括以下两个基本过程：
>
> 1. 分析和综合
>
> 分析是在头脑中将事物整体分解为各个部分，把整体的个别特性或部分区分出来的过程。
>
> 综合则是在头脑中把事物的各个部分或特性结合起来形成整体的过程。思维活动是从对客观事物的分析和综合开始的，所以分析和综合是思维的基本过程。
>
> 2. 比较、抽象和概括
>
> 比较是在头脑中对分析出来的事物的个别特性或部分之间的异同和关系进行确定的过程。抽象是在头脑中将事物的本质和非本质特性进行区分的过程。概括是把各个事物的本质特征或非本质特征结合起来的过程。通过比较、抽象和概括，人的思维才能反映客观事物的本质特性和事物之间的本质联系。

二、解决问题的一般思维过程

思维往往体现在解决问题的活动之中，解决任何问题都需要思维的参与。一般来说，解决问题的思维过程可以划分为发现问题、分析问题、提出假设和检验假设四个阶段。

下面我们就通过一个案例来分析一下这四个阶段。

B 地旅游主管部门在一次旅游者调查中发现到本地旅游的 A 市（经济发达的城市）旅游者很少，这是什么原因呢？

（一）发现问题

要解决问题首先必须发现问题。工作中善于并及时发现已经出现的或即将出现的问题，因为在旅游服务中，即使是小问题如果不能被及时发现、及时解决，也会造成很大的影响。要善于发现问题，首先要求旅游服务人员对旅游服务工作有积极的态度。如果没有积极的态度，就算是一些很明显的问题，他也可能也察觉不到。其次还要求旅游从业人员学习和积累旅游服务和接待的有关知识和经验。只有具备了丰富的知识、经验，才能发现一些别人难以发现的细微的、潜在的问题。

在案例中，如果 B 地旅游主管部门没有仔细观察，就不可能及时发现 A 市旅游者较少的问题，更谈不上去解决这个问题了。

（二）分析问题

发现了问题后，有关部门就向一些接待过 A 市旅游者的旅游服务人员进行调查，经过分析认为 A 市旅游者不来本地旅游的原因是觉得消费昂贵。

发现了存在的问题后，就要分析问题的各个方面，找到问题的关键和实质。分析问题是解决问题的重要环节，要准确地分析问题，就要全面系统地掌握具体的材料。只有掌握了详尽的材料，才能明确问题。如果让一个非旅游服务专业的人员来分析在旅游服务中出现的问题，他可能只能找出问题的一些表面现象，只有具备旅游服务专业知识的人员，才能分析出问题的实质，所以分析问题首先要求具有丰富的专业知识与经验。在分析问题时还应该认真地进行思考、调查，这样才能在复杂的材料中找出问题的核心。

分析问题十分重要，因为如果分析得不准确，就不能提出解决问题的正确方法。

（三）提出假设

B 地旅游主管部门根据调查的结果，提出了解决问题的假设，决定对 A 市旅游者做一次广泛的宣传，说明到本地旅游每位旅游者平均一天的消费只需 200 元。

解决问题的关键是找出解决问题的方案，即解决问题的原则、途径和方法。但这个过程往往不能简单地确定，而是先以假设的形式出现。提出假设就是根据当前问题的特点，在已有的知识、经验中找出一定的解决方案。已有的知识、经验是否能在解决当前的问题中顺利地运用，与掌握知识、经验的程度有关，所以知识、经验越丰富就越容易提出解决问题的假设。假设的提出也与已有知识、经验同当前问题的联系有关，因为旧的经验往往带有片面性和主观性，所以某些过去的知识、经验也会对解决新的问题造成妨碍，因此要根据实际的情况灵活地运用已有的知识和经验。

案例中，B地旅游主管部门根据初步分析的结果，制定相应的宣传策略，就是为了消除A市旅游者觉得来本地旅游费用比较高的心理。那么这个宣传策略有没有作用呢？这就需要在实践中进行检验了。

（四）检验假设

宣传了一段时间后，到B地旅游的A市旅游者的数量并没有上升，看来第一次提出的假设并不能解决问题。

提出的假设是否能真正地解决问题，需要进行检验。如果假设不能通过检验，就要对问题重新分析，再提出新的假设，直到正确地解决问题为止。

后来，B地旅游主管部门派人到A市进行调研，发现真正导致A市旅游者不喜欢到B地旅游的原因并不是消费问题，而是A市旅游者觉得B地的生活单调枯燥，没什么好游览的地方。于是根据这种情况，B地旅游主管部门又进行了一次宣传，重点放在介绍B地的自然景观和乡村生活上。结果，A市游客大幅增加，问题成功地得到了解决。

检验假设有两种形式，一种是实践形式，即通过实际的活动来验证假设；另一种是思维活动形式，即有些问题的解决假设不能通过实践的形式来检验（如物理学中对黑洞和大爆炸的研究等），就需要通过头脑中的思维活动来进行检验。

三、培养良好思维能力的方法

旅游服务工作是复杂多变的，在每天的工作中，旅游服务人员都会接触不同的客人，面对各种发生了的或潜在的问题。要想做好工作，就需要具备良好的思维能力，对工作中出现的各种问题全面地进行思考，发现问题的关键，独立地做出准确的判断，灵活迅速地找到合适的解决方法。

对于旅游服务人员，培养良好的思维能力应该从以下几个方面着手：

（一）树立科学的世界观

科学的世界观能帮助我们正确认识客观事物，培养科学的思维方式。认识是思维的基础，良好的思维的形成首先要有正确的认识。所以，辩证唯物主义的世界观是培养良好思维能力的指导。

（二）学习和积累有关的知识

知识经验是思维的基础，思维的所有品质都依赖知识和经验。知识经验越丰富、越专业，思维的能力就越高。相反，如果缺乏知识，对相应问题的思考必然是十分困难的，所谓"书到用时方恨少"。所以，一定要注意在平时认真进行知识和经验的积累。

（三）提高语言文字能力

语言文字是思维高度概括的结果，思维的过程要借助语言文字来进行，思维的结果也要用语言文字记录和表述。语言文字是思维的工具和载体，特别是抽象思维，更依赖语言文字来进行。我们可以看到，动物由于没有语言文字，只能进行很简单原始的思维活动。人类掌握了高水平的语言文字，因此能够创造出灿烂辉煌的文化。如果语言文字修养水平较低，思维活动就会因为表述困难而产生障碍，不能顺利展开。所以加强语言文字的修养，对于提高思维能力具有非常重要的作用。

案例阅读

做资深的"专家型"导游

2016年国庆黄金周，大足一个名叫沈郭利的导游因在关键时刻拯救旅游者性命而被国家旅游局评为"优秀导游"。获得这个荣誉后，沈郭利这段时间来心里都是美滋滋的。入行多年，这一荣誉无疑是对她工作的最大褒奖。

她有理由高兴。在其他地方屡屡出现不良导游宰客的负面新闻的时候，她的行为一定程度上为全国的导游群体正了名——导游，本来就该是让旅游者依赖和信任的贴心伙伴。

就导游职业而言，他们挂靠旅行社接活，工作没有底薪，完全是计件取酬，名义上多劳多得，但是收入不稳定。虽然看起来光鲜，忧患也不容忽视。沈郭利从没想过伺机转行，工作日久，不仅没有职业倦怠感，反而愈发钟爱。

"导游工作比较自由、四处看风景，和旅游者打交道有新意，而且能收获不少友谊。"这些都让她为之欢喜。

当然，认清职业前路的她并非没有后顾之忧。沈郭利不讳言，一般来说，旅游者更倾向于挑选那些年轻、颜值高的导游，年龄越大，越不受市场欢迎。对这一客观事实，沈郭利和她的同事们不免有些无奈。沈郭利看到，一些年纪相对较大的导游，不再被旅游者青睐后，要么转向旅游公司后台，负责调班之类的行政工作，要么出去做生意，"毕竟自由惯了，再去做别的约束性很强的工作，还真的难以适应"。

未来之路如何走？34岁沈郭利的自保策略是提高自己的综合素质，"大足石刻毕竟是人文景点，导游想要获得旅游者的认可，在提高自己的人文修养方面做文章，会比较有效果"。这一策略有前例可循——现在大足区内在旅游局备案的106名导游中，不乏50多岁、40多岁的导游，他们依然表现活跃，靠的就是深厚的讲解知识和高超的讲解艺术，每每让旅游者都有意想不到的收获。

项目三　旅游服务素养

在专业上转向精深阶段，尚且年轻的沈郭利已经提前感受到了来自旅游者方面的压力。这两年，沈郭利发现，来宝顶石刻景区的旅游者越来越理性，他们来朝拜大足石刻，不再满足于听听讲解稿上的故事，很多人带着关于宗教文化方面的疑惑和思考而来。

一次，一名旅游者不愿听沈郭利讲石刻佛像的故事，他提了一个有些无厘头的问题：那些工匠在这里长年累月雕刻石像时，他们当时的心情怎么样？第一次遇到这种问题，沈郭利只能硬着头皮说："因为工匠们没有留下只言片语，所以我们后人只能换位思考，不妨想象是我们自己在建造这一伟大工程，我们的心情怎么样，工匠们就是怎么样的。"这类没有权威答案的问题，她尚且能应付，要是遇到旅游者提出的大足石刻与印度佛教石刻造型上的细微差异等专业问题，光靠讲解稿就难以招架了。

"很多旅游者需要专家型的讲解员、能和他们对上话的导游。导游努力提升文化底蕴到这一层次，就不必吃青春饭了。"沈郭利说，做资深的"专家型"导游，成为她今后努力追赶的职业目标。

她还留意到，一些省市已经开始实行预约导游服务，旅游者从庞大的导游库里挑选导游，她心想，这样一来，有好口碑的资深导游，至少不会轻易因外形而被淘汰掉。

"大足石刻的导游就是文化使者，我要当个好使者。"立下终生职业志愿，沈郭利对工作充满激情。

知识考查

1. ＿＿＿＿＿＿是人脑以已有的知识为中介，对客观事物间接和概括的反映。

2. ＿＿＿＿＿＿是指思维不是直接地反映具体的事物，而是通过其他事物的媒介，借助已有的知识经验，反映事物的本质特性和事物间的内在联系。

3. ＿＿＿＿＿＿是指思维反映的不是个别的事物或事物的个别特征，而是根据已有的知识经验，透过事物的外在表现，提取其本质属性，从而抽象出同一类事物的共同特征，并用这个共同特征代表属于这一类的所有事物。

4. 解决问题的思维过程可以划分为＿＿＿＿＿＿、＿＿＿＿＿＿、＿＿＿＿＿＿和检验假设四个阶段。

5. 检验假设有两种形式，一种是＿＿＿＿＿＿，即通过实际的活动来验证假设；另一种是＿＿＿＿＿＿，即有些问题的解决假设不能通过实践的形式来检验，就需要通过头脑中的思维活动来进行检验。

6. 作为旅游服务人员，我们应该如何培养良好的思维能力？

任务实训

如果我是导游

思维往往体现在解决问题的活动之中，解决任何问题都需要思维的参与。旅游服务人员会接触不同的客人，面对各种发生了的或潜在的问题。要想做好工作，就需要具备良好的思维能力。

实训内容：

以"如果我是导游"为主题，设想自己处在陈静的境遇，帮助陈静迅速安抚旅游者，活跃车厢气氛，使行程顺利进行。

实训目的：

通过实训，帮助学生进一步了解心理学的基本原理，培养学生自我学习、提升的能力，锻炼学生的语言组织、表达能力。

实训过程：

（1）学生分为若干小组，每小组人数由任课教师确定。

（2）各小组利用网络、书籍查找相关资料，制作PPT。

（3）每小组选派一名代表在全班交流、分享本组的研究成果。

（4）任课教师对各小组的研究成果进行评价，各小组对其他小组的研究成果进行点评。

任务四　培养自控能力

任务目标

1. 了解情感和情绪的含义、分类，以及两者的联系与区别。
2. 了解情绪具体的外部表现。
3. 掌握进行激情与心境自我调控的手段。

项目三　旅游服务素养

任务描述

由于路上遇到了严重的交通堵塞，陈静率领的旅游团到达武汉大学的时候已经很晚了，大家只能草草参观。回酒店的时候又遇到晚高峰，一路上车辆行驶得很不顺利，有的旅游者晕车很严重。到了酒店之后，旅游者们筋疲力尽，开始抱怨导游没有事先安排好路线，有人还说导游是个小姑娘，太不靠谱了！

陈静在后面听到这些话，心里很是委屈，安排好旅游者用餐之后，她给好友朱华打电话，向她倾诉自己的委屈。

思考：
你是如何理解旅游服务心理学的意义的？

相关知识

在2020年东京奥运会举重女子87公斤以上级决赛中，李雯雯以抓举140公斤、挺举180公斤和320公斤的总成绩获得冠军，同时创造了三项奥运会纪录。在比赛中沉着冷静的运动员，此刻手舞足蹈、笑逐颜开，而成熟稳重的教练员也像小孩子一样，和李雯雯一起庆祝胜利；在微博上，"围观"的网友更是欣喜若狂，为李雯雯疯狂点赞……是什么令人们有这种表现呢？

"人非草木，孰能无情"，每个人都曾经有过喜、怒、哀、乐等情感体验。愉快的情感使人感到幸福，充满希望；悲伤的情感使人感到痛苦、焦虑、心灰意冷，甚至可能对身心造成严重的危害。那么，情感是怎样发生的？它会对我们的工作学习有什么样的影响？如何控制和调节自己的情感呢？

一、情绪和情感概述

（一）情绪和情感的含义

情绪和情感是人对客观外界事物的态度体验，是人对客观事物是否符合自己需要的态度体验。情绪和情感的复杂性导致人们对情绪和情感的认识不统一，但对于其概念，我们可以从以下几个方面来理解：

首先，情绪和情感是以人的需要为中介的一种心理活动，反映的是外界事物与主体需要之间的关系。如果外界事物符合主体的需要，就会引起积极的情绪体验；否则便会引起消极的情绪体验，这种体验构成了情绪和情感的心理内容。

其次，情绪和情感是主体的一种主观感受，或者说是一种内心的体验。它不同于认识过程，因为认识过程是以形象或概念的形式来反映外界事物的。

再次，情绪和情感有其外部表现形式，即人的表情。表情包括面部表情、身体表情和言语表情。面部表情是面部肌肉活动组成的模式，能比较精细地表现出人的不同情绪和情感，是鉴别人的情绪和情感的主要标志；身体表情是指身体动作上的变化，包括手势和身体姿势；言语表情是情绪和情感在说话的音调、速度、节奏等方面的表现。表情既有先天的、不学而会的性质，又有后天模仿学习获得的性质。

最后，情绪和情感能引起一定的生理变化，包括心率、血压、呼吸和血管容积的变化。例如，愉快时面部微血管舒张，害怕时脸变白、血压升高、心跳加快、呼吸减慢等。

（二）情绪和情感的区别与联系

1. 情绪和情感的区别

虽然很多时候情绪和情感都作为一个统一的心理过程来讨论，但从产生的基础和特征表现上来看，两者是有区别的。

首先，情绪出现得较早，多与人的生理需要相联系；情感出现得较晚，多与人的社会需要相联系。婴儿一生下来就有哭、笑等情绪表现，而且多与食物、水、温暖、困倦等生理需要相关；情感是在幼儿时期，随着心智的成熟和社会认知的发展产生的，多与求知、交往、艺术陶冶、人生追求等社会需要有关。因此，情绪是人和动物共有的，但只有人才有情感。

其次，情绪具有情境性和暂时性；情感则具有深刻性和稳定性。情绪常由身旁的事物所引起，又常随着场合的改变和人、事的转换而变化。所以，有的人情绪表现常会喜怒无常，很难持久。情感可以说是在多次情绪体验的基础上形成的稳定的态度体验，如对一个人的爱和尊敬，可能是一生不变的，所以情感特征常被作为人的个性和道德品质评价的重要方面。

最后，情绪具有冲动性和明显的外部表现；情感则比较内隐。人在情绪的影响下常常不能自控，高兴时手舞足蹈，郁闷时垂头丧气，愤怒时又暴跳如雷。情感更多的是内心的体验，深沉而且久远，不轻易流露出来。

2. 情绪和情感的联系

情绪和情感虽然不尽相同，却是不可分割的。因此，人们时常把情绪和情感通用。一般来说，情感是在多次情绪体验的基础上形成的，并通过情绪表现出来；反过来，情绪的表现和变化又受已形成的情感的制约。当人们做一份工作的时候，总是体验到轻松、愉快，时间长了，就会爱上这一行；反过来，在他们与工作建立起深厚的感情之后，会因工作中的出色表现而欣喜，也会因为工作中的疏漏而伤心。由此可以说，情绪是情感的基础和外部表现，情感是情绪的深化和本质内容。

（三）情感和情绪的分类

1. 情感的分类

根据情感发生的形式和强度，情感可以分为激情、心境和应激。激情是一种猛烈的、迅速爆发而短暂的情感体验。心境是一种比较微弱、平静而持久的情感体验。应激是人对某种意外的环境刺激所做出的适应性反应。激情、心境和应激都属于人的自然情感。

根据情感的社会内容，情感可以分为道德感、理智感和美感。道德感是对于别人和自己的行为举止是否符合社会道德要求而产生的情感体验。理智感是人们在获取知识的活动中所产生的情感体验。美感是人们对于客观事物或艺术作品是否符合审美要求而产生的情感体验。道德感、理智感和美感都属于高级的社会情感，也称为情操。

2. 情绪的分类

根据情绪情感的内容，情绪可以分为基本情绪和复合情绪。

基本情绪是人和动物共有的、不学而会的。每一种基本情绪都有其独立的神经生理机制、内部体验、外部表现和不同的适应功能。基本情绪的种类有不同的分法，近代研究中常把快乐、愤怒、悲哀和恐惧列为情绪的基本形式。

复合情绪是由基本情绪的不同组合派生出来的，如由愤怒、厌恶和轻蔑组合的复合情绪可叫作敌意；由恐惧、内疚、痛苦和愤怒组合的复合情绪可叫作焦虑；等等。

案例阅读

你会怎样处理你的情绪

阿强前两天因为考试没考好，心里有挫折感。他一直责怪自己平时不够用功，考前没好好准备，考试的时候没仔细看，他觉得自己比别人差，因而很灰心。他开始垂头丧气，故意远离人群，一个人躲在角落，心情很沮丧。

酷妹把她的朋友小顽子的心爱的偶像签名照弄丢了，那是小顽子千辛万苦排了两三个小时队才得到的偶像的亲笔签名，现在却被酷妹弄丢了，小顽子很生气。可是酷妹是她最好的朋友，怎么可以对她生气呢？而且生气是不好的，万一失控，不晓得会不会伤害到其他人。所以她告诉自己："算了！丢了就丢了，生气也无济于事。"虽然这样，她还是无法再像以前一样对待酷妹。

小东的学习成绩不好，不喜欢上课，经常逃课去网吧玩游戏。父母经常教育他，希望他专心读书，将来能凭自己的本领自食其力。但是，小东总是嫌父母啰唆，与他们争吵。有一次他跟父母吵架，一气之下把电视机给砸了，令父母很伤心。

上面三个故事中呈现出来的是某些同学对情绪的态度与处理方式，比较有代表性。如果主角换成是你，你会有什么感受？你会怎样处理你的情绪？

任务四 培养自控能力

　　有些人在面对一些事件时，完全被情绪控制，当负面情绪产生时，就任由它牵制他们的思想、感受和行为。较小的影响包括心情不愉快、生活功能受到限制，较大的影响包括人际关系出现问题，更严重的是他们可能因一时冲动做出错误的举动，造成生命、财产的损失，后悔莫及。另外，有些人则是对负面情绪感到害怕、恐惧，担心自己若生气、愤怒、悲伤、沮丧、紧张、焦虑等，情况会更加糟糕，甚至会产生无法预测的后果，因而就极力压抑、控制自己的情绪。但是，没有表现出情绪，并不表示没有情绪，所以原本被引发的情绪仍会间接地影响自己或者人际关系等。也有些人不满于负向情绪的控制和预防，他们认为情绪是非理性的，所以一个理性成熟的人不应该表现出自己的情绪。他们不允许自己处在负面的情绪中，拼命告诫自己"要理性""要控制情绪""我不应该焦虑，焦虑只会让我表现得更糟""我不应该沮丧，沮丧只会侵蚀我的斗志""我不能生气，生气代表我是一个不能把情绪管理好的人"。因此，他们塑造自己成为有修养的人，避免可能会引出负面情绪的情境。然而如果我们一味地否认、压抑或控制负面情绪，我们将失去适当地表达真实情绪的能力，无法真正感受快乐等正面情绪，而变成一个单调无情绪的人。

　　其实，当我们失去感受负面情绪的能力时，也就失去了感受正面情绪的能力，然而许多人却很排斥负面情绪的发生或存在，对它敬而远之，除了因为它带给人们不愉快的感受之外，也因为它会使我们其他方面的运作和表现受到影响。然而排斥并不能防止这些负面情绪的出现，只是徒增自己适应上的困难而已。所以有效管理情绪的方法不是压抑或控制，而是学习接纳情绪，允许自己有情绪，然后通过适当的方法加以表达和解决。

二、情感的外部表现

　　情感虽然是人的主观体验，但是当人处于某种情感状态时，往往会伴随着一些相应的身体外部表现，而这些外部表现可以被别人直接观察到，所以人们通常通过外部表现来判断一个人当时处于什么情感状态。情感的外部表现又称为表情，人的表情丰富多彩，主要有面部表情、身体表情和言语表情三种。

（一）面部表情

　　情感反映在眼、眉、嘴和面部肌肉等方面的变化与表现称为面部表情。例如，高兴的时候两眼闪光、双眉舒展、嘴角上翘；悲伤的时候眉头紧锁、嘴角下歪；愤怒时眼睛瞪大、咬牙切齿；害怕时面色苍白等（图3-4）。

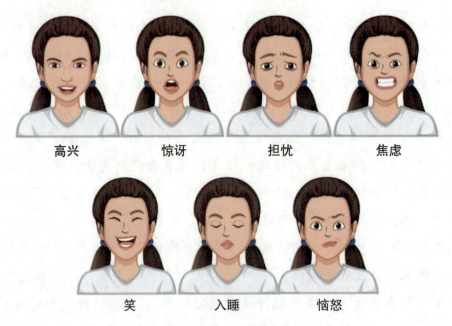

图 3-4 面部表情

（二）身体表情

情感反映在身体各部分姿态和动作等方面的变化与表现称为身体表情。用于表达情感的身体动作一般以手脚的动作为主。例如，欢欣时手舞足蹈；悔恨时捶胸顿足；惧怕时手足无措等。身体表情多由后天习得，具有一定的地方和民族特色。例如，一些欧美国家的人在欢庆胜利时，伸出食指和中指呈"V"形表示喜悦。

（三）言语表情

情感反映在言语的音调、节奏和速度等方面的变化和表现称为言语表情。例如，喜悦时音调高昂、语速较快、语音高低差别较大、声音连续，悲哀时音调低沉、语速缓慢、语音高低起伏小、声音断断续续，愤怒时声音高尖而颤抖、声嘶力竭等。有时同样的一句话，用不同的音调、节奏和速度说出来，可以表达不同的情感。

三、激情与心境的自我调控方法

情感对我们的学习、生活、工作乃至身心健康都有重要的影响，这些影响可能是正面的、积极的，也可能是负面的、消极的。积极的情感如果控制不好就可能产生消极的影响，所谓"乐极生悲"；而消极的情感如果有适当的调节也会产生一定的积极影响，所谓"化悲痛为力量"。

由于旅游业的服务对象是旅游者，这就要求从业人员在工作中善于控制和调节自己的情感，始终保持热情有礼的服务态度，使旅游者真正感到满意。

（一）激情的自我控制

1. 激情产生的原因

激情的产生有一定的爆发性，消极激情的危害性很大。一般来说，激情的产生主要有以下两个原因：

（1）个人生活中的重大事件。个人生活中的重大事件，如自己或亲友突遭意外，遭受重大的挫折，工作、家庭的重大变故和国家的重大事件等，都可以使人产生激情。

（2）对立意向的矛盾冲突。当对立的意向直接接触时，如果双方都不能做出让步，就容易导致矛盾冲突，产生激情。例如，人们在争吵时情绪往往会比较激动，甚至会动起手来。

2. 控制激情的方法

旅游服务人员在工作中难免会碰到不顺心的事情，在与客人、同事的接触中也可能会产生各种矛盾。在这些情况下，一些自控能力较差的人员往往容易爆发激情，当激情失去控制时，就会产生极端行为，如打架、摔东西等。这样的行为不仅对客人、同事和自己造成直接的伤害，也会影响到旅游服务部门的声誉，严重的还可能承担刑事责任。有人认为当自己处于激情状态时难以自制，有激烈的动作和言语也是很难避免的。事实上在激情状态下，自制能力会相对减弱，但并不是不可控的，关键是要培养控制激情的意识，并掌握一些有效的激情自控方法，防止激情的产生，或者在激情产生时能控制住自己的行为，最大限度地降低激情的消极作用。

以下是几种控制激情的有效方法：

（1）躲避法。当激情在某种情境中发生的时候，这个情境会使激情进一步激化。例如，在餐厅里服务人员与客人产生矛盾、冲突时，如果让当事人一直进行直接接触，往往会使双方的矛盾激化，激情难以控制，甚至可能产生严重的后果。所以在类似的情形发生时，当激情刚开始产生的时候，就应该迅速离开引起激情的情境，到一个比较安静的环境，使头脑慢慢冷静下来，心情恢复平静。避开引起激情的刺激环境，是控制激情的有效方法。

（2）自我暗示法。当激情产生时，在心理上进行自我暗示，如默默地对自己说："冷静，不要发怒！"也有的人在办公室的墙上或者办公桌上贴一些诸如"忍""制怒"等警句，在发怒时看到这些警句，也会产生暗示的作用，对控制激情有一定的效果。

（3）转移注意法。有时候在激情产生时，我们一时无法离开激情的情境，这种情况下可以采取转移注意法来控制激情。例如，在工作中当客人对我们产生了误会，大声斥责我们时，如果将注意力集中在客人的言语上，可能会使我们很恼火，忍不住顶撞客人，这样就会使问题更加难以解决。此时应该把注意力转移到其他方面，等客人发泄了不满、心情平静下来后，再耐心进行解释，化解客人的误会和不满。

（4）推迟法。有时，激情只是一时义气，稍微过一会儿，激情可能就会慢慢减弱。所以我们可以用推迟法延迟激情爆发的时间，如在即将发怒时先数数，从"一"数到"十"，在数完后，激情爆发的关键时期也就过去了。

（5）照镜法。一个人处于激情中时，往往会忘记自我，行为失控。有心理学家的研究发现，当一个人非常生气时，对着镜子看看自己的样子，会使人重新找回自我，冷静地进行思考，从而控制激情。

（6）联想后果法。在激情中，意志力薄弱的人往往会丧失理智，做出一些愚蠢的行为，等到自己清醒后，才发现后果的严重性，但是后悔莫及。所以在行动之前，应先联想一下可能发生的后果，就像端起一盆冷水，把自己心头的怒火浇灭。

（7）加强品德修养法。控制激情的根本方法是加强品德的修养，提高自己各方面的素质，用理智控制激情。只有具备了良好的品德素质，才能在任何时候都保持冷静理智，不会被一时的激情冲昏头脑，做出不顾后果的行为。

（二）心境的自我调节

心境虽然不像激情那样强烈，但是有很强的弥散性，影响的范围比较广，持续的时间也比较长。心境可以分为积极的心境和消极的心境两种。积极的心境使人觉得轻松愉快、朝气蓬勃，好像做什么事都特别顺利；消极的心境令人萎靡不振、焦虑压抑，仿佛所有事都跟自己过不去。我们在工作、学习和生活中，对消极心境的自我调节也非常重要。

1. 心境产生的原因

心境的发生方式比较平缓，没有明显的痕迹，所以有时候我们会无缘无故地觉得心情烦闷。其实，任何心境的产生都是有原因的，只有找到原因，才能及时排解一些消极的心境。

一般来说，心境产生的原因主要有以下几种：

（1）个人生活中重大事件的遗留影响。个人生活中的重大事件容易引发激情，这种强烈的情感通常并不会维持很长时间，但也不会马上消失，而是会减弱转化成心境，在一段时期内持续地对人产生影响。例如，在工作中获得成就后，"人逢喜事精神爽"；而在受了挫折后，长时间都会闷闷不乐、郁郁寡欢。

（2）身体和精神状态。心境是身体健康和精神状态的晴雨表，当身体不适、患病或者过度疲劳、睡眠不足时，往往容易心烦意乱，而当身体健康、精神饱满时则会觉得心情舒畅。心境反过来也会影响人的身体健康，长期处于忧愁、焦虑心境的人更容易患上各种疾病。根据医学界的研究表明，保持良好的心境状态是治疗疾病的有效办法。

（3）环境因素。周围的环境也会影响人的心境。闷热、潮湿、空气污浊、高噪声或者光线阴暗的环境容易使人产生烦闷、压抑、忧郁等不良心境，而空气清新、阳光明媚、晴空万里的环境则让人心境豁达、精力充沛。

2. 保持良好的心境

心境形成后，会成为内心世界的背景。如果长时间处于消极心境中，会影响人对现实世界的认识和判断，甚至使人形成孤僻、自卑等不良的性格。当人们处于某种心境状态中时，即使是一点小事情也往往容易触发激情。例如，服务人员由于心情不好，整天无精打采、闷闷不乐，在工作中服务态度比较冷淡，客人多问几句，就认为是有意找麻烦，甚至将心中的不快迁怒在客人的身上。根据某宾馆的调查，服务人员的不良心境是导致服务人员与客人发生口角的主要原因。因此，为了提高服务质量，旅游服务人员要善于调节消极心境，在工作中保持良好的心境状态。保持良好的心境，可以从以下两个方面着手：

（1）树立崇高的理想和信念，培养坚强的意志。树立崇高的理想和信念，可以帮助我们正确对待工作、生活中出现的各种问题，用坚强的意志克服困难，以乐观的态度迎接挑战。

（2）注意锻炼身体，合理安排作息。健康的体魄和良好的精神状态能使人心境开朗，在任何情况下都能保持清醒的头脑，因此我们要养成良好的生活作息习惯，经常进行适度的体育活动。

知识考查

1. _____是人对待客观事物的态度体验。
2. 根据情感发生的形式和强度，情感可以分为_____。
3. 根据情感的社会内容，情感可以分为_____。
4. 情感的外部表现又称为_____，主要有面部表情、身体表情和言语表情三种。
5. 作为旅游服务人员，我们应该如何调控激情？
_____
_____
_____
_____

6. 作为旅游服务人员，我们应该如何调控心境？
_____
_____
_____
_____

项目三 旅游服务素养

 任务实训

如何提升自控能力

每个人都有过喜、怒、哀、乐等情感体验。愉快的情感能使人感到幸福,充满希望;悲伤的情感不仅会使人感到痛苦、焦虑、心灰意冷,还可能对身心造成危害,进而影响自己的工作和生活。那么,如何控制和调节自己的情感呢?

实训内容:

以"如何提升自控能力"为主题,以朱华的口吻开导陈静,并提出提升自控能力的方法。

实训目的:

通过实训,帮助学生进一步了解旅游服务心理学的基本原理,理解自控能力对于旅游服务人员的意义,培养学生自我学习、提升的能力,锻炼学生的语言组织、表达能力。

实训过程:

(1)将学生分为若干小组,每小组人数由任课教师确定。

(2)各小组利用网络、书籍查找相关资料。

(3)每小组选派一名代表在全班交流、分享本组的研究成果。

(4)任课教师对各小组的研究成果进行评价,各小组对其他小组的研究成果进行点评。

任务五　培养意志品质

 任务目标

1. 了解意志的含义,理解意志的过程。
2. 掌握培养坚强意志品质的方法。

 任务描述

第二天,旅行团继续在武汉游览。在参观完武汉长江大桥准备前往下一个景点的时候,一位小朋友不小心扭伤了左脚,疼得直哭,她的妈妈在一旁十分着急,和陈静商量怎样才能

尽快把孩子送到附近的医院。陈静用手机搜索得知最近的医院离这里不到两千米，她和司机商量了一下，并和旅游者们说明了情况，让他们在大巴上稍等片刻，她和孩子妈妈带着孩子前往附近的医院。

由于孩子不能走路，她和孩子妈妈轮流抱着孩子，很快她们就到了医院，孩子扭伤的脚也得到了妥善的治疗。陈静却累得满头大汗，气喘吁吁。后来她对朱华说，小女孩痛苦的样子是她坚持下去的动力。

思考：
作为旅游服务人员，坚强的意志品质对自己有什么意义？

相关知识

在寓言故事《愚公移山》中，面对智叟的嘲笑，愚公坚定地回答：我死了以后还有我的儿子，儿子死后还有孙子，子子孙孙无穷无尽。这两座山虽然高，但不会再增高了，只要一点一点地挖，终有一天会把大山铲平。是什么令愚公有信心去做别人认为是不可能的事情呢？

人的心理活动是在与客观现实的相互作用中产生的，而且人具有主观能动性。因此，我们并不是完全被动地去适应环境，而是能够有意识、有目的地对客观世界进行改造，使之符合一定活动的目标。

一、意志概述

（一）意志的含义

意志就是人们自觉地克服困难，以达到预定目的的心理过程。

人能够自觉地确立活动的目的，并以目的来指引行动，使预定的目的最终转化成现实。在这个过程中，人们通过意志自觉地支配和调控自己的行为和情感，使之与目的相一致。由于有了意志，人类不像动物那样消极地适应环境，而是能够积极地改造自然，使人类社会不断发展前进。

（二）意志的过程

从意志的内部心理机制来看，意志的基本过程可以划分为决心—信心—恒心三个阶段。完成一个意志活动，首先要下定决心，其次要树立信心，最后要持以恒心。这三个阶段密切联系，互相促进。一般来说，决心越大，信心就越足，恒心也越持久；反之，没有坚定的决心，信心就会不足，也很难持之以恒。

项目三　旅游服务素养

案例阅读

背着妈妈上学的孩子

1988年3月11日，刘秀祥出生在贵州省望谟县一个小山村里的一户农民家庭中。

4岁那年，父亲骤然离世，母亲经受不住打击，精神失常，刘秀祥从此不仅得不到母亲的照顾，还时常担心母亲发病。好在还有哥哥、姐姐，他们一起种菜放牛，照顾母亲，勉强也能维持生活。因为不堪窘迫的生活，刘秀祥的哥哥、姐姐相继离家出走，从此杳无音信。

随着哥哥、姐姐的离去，生活的重担一下子全都落在了刘秀祥身上。

生活没有给刘秀祥任何抱怨的机会，他勇敢地用自己稚嫩的肩膀担起了照顾家庭的重任。每天天没亮他就得起床，砍柴做饭，他还利用周末和假期上山挖药材，再背到县城去卖，赚了钱先买药给母亲，余下的再买油盐。

生活虽然极其艰难，但是刘秀祥始终没有放弃求学的念头。贵州多山，刘秀祥上学的地方离家就隔着一座高高的山，要两个小时才能走到，但他从来没有觉得累过。在这样的环境下，刘秀祥小学毕业，并以全县第三的成绩考上了县重点中学。然而他没有钱读，只好找到一所民办学校，因为这个学校可以给成绩优异的学生免学费，于是他以第一名的成绩进入了这所中学。

此时的刘秀祥不得不面临人生的一个重要选择，他要离开家去上学，母亲就没人照顾，因为她完全没有生活自理的能力。刘秀祥最终做出了一个决定，他要带着母亲一起去读书。

带着对逝去父亲的承诺，刘秀祥带着母亲出发了，经过近四小时的步行，母子俩才到达县城。

没有住的地方，刘秀祥就在学校旁边的一个山坡上用稻草搭了一个棚子，这就成了他和母亲在县城生活三年的"家"。

为了挣钱，下课后刘秀祥就去捡废品，然后去工地打零工，搬砖头、抬水泥、和泥浆、卖报纸……不管多苦多累，凡是能干得来的、能挣钱的事情，刘秀祥都干过。一个星期他只能挣二十元，就靠着这二十元维持生活。

就这样，在刘秀祥的坚持和努力下，他初中毕业，顺利考上了邻县的一所高中，他依然带着母亲一起读书、生活。

生活似乎就爱跟刘秀祥较劲儿，不断考验着他的承受能力。在刘秀祥信心满满准备冲刺高考的时候，重感冒却不期而至，因为没有钱买药，他硬撑着带病高考，发挥失常。

高考的落榜给刘秀祥带来了巨大打击，无法接受这一结果的刘秀祥，一度想到过自杀。

刘秀祥一度处于迷茫和绝望之中，百般沮丧的他，在偶然翻看自己的日记本时，曾经写下的一句话点醒了他："当你抱怨没有鞋穿的时候，你回头一看，发现别人竟然没有脚。"这句话让刘秀祥一下就释然了，他觉得自己并不是世界上最不幸的人，他还有一个妈妈。豁然开朗的刘秀祥重新燃起了对未来的期望，他决定复读一年，再次参加高考。

2008 年，刘秀祥终于等来了梦寐以求的大学录取通知书，考入了临沂师范学院（现在的临沂大学）。

媒体的报道让刘秀祥的事迹被大家所知，学校社会各界人士纷纷伸出了援手，帮助刘秀祥母子渡过难关，学校为他提供了勤工俭学的机会，并为他和母亲安排了住处。

当年，很多人向刘秀祥提供资助，然而，他拒绝了大部分资助。

他说："一个人的困难和挫折，并不是说是你向他人或者社会索取的一个资本。得到这些帮助或者资助，可能我的生活会过得没那么艰辛，可能我跟母亲会过得更好一些，但是也许我就失去了自食其力的能力。"

除了学习，刘秀祥把大学其余的时间都用在了照顾母亲和兼职挣钱上。让人惊讶的是，刘秀祥在大学期间辛苦兼职的收入，除了用于母亲和自己基本的生活之外，其他的钱全部寄回了自己以前生活过的县城。他曾在那里收废品时认识了两个妹妹和一个弟弟，他用自己打工的钱资助他们读书。一个还未完全"脱贫"的大一学生，就开始帮助更多没有钱上学的孩子接受教育。

大学四年很快过去，刘秀祥做出了一个让大家都意想不到的决定，回到家乡当一名乡村中学教师。

刘秀祥想用自己的亲身经历告诉那些像他一样贫困或者迷茫的孩子，他能改变命运，他们一定也能，因为他们不用像他那样艰辛。他希望可以激励家乡的孩子们，勇敢追求未来。

然而并不是每个人都像他一样热爱读书，懂得读书的重要性。所以，除了教学，刘秀祥做过最多的事，就是骑着摩托车，跑遍望谟县的各个乡镇，先后骑坏了 8 辆摩托车，把 40 多个孩子从打工工地又重新拉回到校园。

从乡村走出来的刘秀祥，又回到乡村，帮助像他一样困苦艰难的人。

二、培养坚强的意志品质的方法

旅游服务人员需要有坚强的意志品质。首先，在旅游服务工作中，服务人员要自觉遵守各种岗位制度和服务规程，不在工作的时间里闲聊、做私事；许多岗位如门岗、餐厅侍应、客房台班等都要求站立工作，而且一站就是数小时；有的岗位要求值夜班，通宵不能睡觉；还有的岗位条件比较差，工作也很辛苦。如果没有坚强的意志，就容易产生厌倦、懒惰等消极态度，工作中马马虎虎、无精打采、得过且过。其次，旅游服务人员每天都要和不同的旅游者打交道，为他们解决各种问题，如果没有良好的意志力，就不能做到耐心细致地为客人服务，及时地解决他们遇到的困难；或者缺乏耐性，一碰到稍微复杂的问题就气馁、推搪，使客人感到被怠慢。最后，旅游服务人员如果没有坚强的意志，就容易受到一些利益的诱惑，做出一些违反职业道德的事情，损害企业的声誉，如服务人员收受了小费而让客人留宿没有登记的人员等。

意志的品质包括自觉性、果断性、自制性和坚毅性四个方面。

（一）培养意志的自觉性

自觉性是指人们对自己行动的目的及其社会意义有明确的认识，并以此来调控自己的行为。旅游服务人员只有具有较强的自觉性，才能独立自觉地根据旅游服务和旅游者心理活动的变化规律，确定工作的目的，提高服务的水平，减少工作过程中的盲目性；同时正确地对待自己的成绩与进步，虚心向他人学习，改正自己的不足，勇于克服困难，战胜挫折。缺乏自觉就会表现出两种消极的品质：一是易受暗示性，没有自己的主见，依赖别人，极易受外界因素的干扰而轻易改变原来的决定；二是独断性，在实际情况发生变化时仍固执己见，不听别人有益的劝告和建议，独断专行。

（二）培养意志的果断性

果断性是指人们能明辨是非，及时做出决定并执行决定。旅游服务人员只有具有较好的意志果断性，才能在处理服务过程中出现的各种矛盾时，反应敏捷、当机立断，善于权衡利弊，全面考虑，及时化解矛盾。缺乏果断性会表现为优柔寡断或草率鲁莽。优柔寡断的人在需要立即做出决定时，往往患得患失、犹豫不定，错失良机；草率鲁莽的人在尚未完全了解情况时，懒于思考、轻举妄动。

（三）培养意志的自制性

自制性是指人们在活动中善于控制和支配自己的情绪和言行。自制性对旅游服务人员非常必要，要求旅游服务人员在任何情况下都能保持清醒的头脑，控制好情绪，主动抵制外界因素的干扰。谦虚、忍耐，无论与何种类型的旅游者接触，无论发生什么状况，都能镇定自若、冷静处理，而且善于把握自己的言行分寸，不失礼于客人。对工作不挑三拣四，有高度的责任心。缺乏自制力的人，一方面容易被情感操纵，放纵任性；另一方面容易受到外界环境的影响，随波逐流，不负责任。

（四）培养意志的坚毅性

坚毅性是指人们在活动中，能够不屈不挠、坚持不懈地去达到预定的目的。坚毅性又称为毅力。毅力坚强的人，在活动中始终能保持充沛的精力，既不会因为有所成功而骄傲自满，也不会因为一时的挫折而一蹶不振，而是能够持之以恒，坚持到底。由于旅游服务工作分工很细，很多工作是琐碎而单调的，因此只有具备锲而不舍的意志品质，才能将自己的工作做好，让客人在任何时候都能满意。缺乏坚毅性的人，可能会表现为执拗或易动摇。执拗的人刚愎自用、固执而不会变通；易动摇的人做事往往虎头蛇尾、见异思迁、三心二意。

知识考查

1. _____就是人们自觉地克服困难，以达到预定目的的心理过程。
2. 从意志的内部心理机制来看，意志的基本过程可以划分为_____。
3. 意志的品质包括_____、_____、_____和_____四个方面。
4. 作为旅游服务人员，我们应该怎样培养坚强的意志品质？

_____
_____
_____
_____

任务实训

我心目中的英雄

意志就是人们自觉地克服困难，以达到预定目的的心理过程。由于有了意志，人不像动物那样消极地适应环境，而是能够积极地改造自然，使人类社会不断发展前进。在中华民族五千年的历史中，出现了无数的英雄人物，其中有没有你的偶像呢？

实训内容：

以"我心目中的英雄"为主题，选择一位英雄人物，重点介绍他所具有的意志品质。

实训目的：

通过实训，帮助学生进一步了解心理学的基本原理和研究方法，培养学生自我学习、提升的能力，锻炼学生的语言组织、表达能力。

实训过程：

（1）将学生分为若干小组，每小组人数由任课教师确定。
（2）各小组利用网络、书籍查找相关资料，制作PPT。
（3）每小组选派一名代表在全班交流分享本组的研究成果。
（4）任课教师对各小组的研究成果进行评价，各小组对其他小组的研究成果进行点评。

项目三　旅游服务素养

项目总结

　　注意是心理活动对一定对象的指向和集中。注意是心理过程的开端，也是心理过程顺利进行的必要条件。根据注意时有无目的性和意志努力程度的不同，我们可以把注意分为无意注意和有意注意两大类。要提高注意力就要培养良好的注意品质。注意品质包括注意的稳定性、注意的范围和注意的分配三个方面。

　　记忆是人脑对过去经验的反映。根据记忆内容保存时间的长短，我们可以把记忆分为瞬时记忆、短时记忆和长时记忆。根据记忆的方法，我们可以把记忆分为理解记忆和机械记忆。根据记忆的内容，我们可以将记忆划分为形象记忆、情绪记忆、逻辑记忆和动作记忆四种类型。记忆的基本过程包括识记、保持、再认和回忆。

　　思维是人脑以已有的知识为中介，对客观事物间接和概括的反映。间接性和概括性是思维的特点。解决问题的思维过程可以划分为发现问题、分析问题、提出假设和检验假设四个阶段。

　　情感是人对待客观事物的态度体验。根据情感发生的形式和强度，情感分为激情、心境和应激。根据情感的社会内容，情感分为道德感、理智感和美感。情感的外部表现又称为表情，人的表情主要有面部表情、身体表情和言语表情三种。

　　意志就是人们自觉地克服困难，以达到预定目的的心理过程。从意志的内部心理机制来看，意志的基本过程可以划分为决心—信心—恒心三个阶段。意志的品质包括自觉性、果断性、自制性和坚毅性四个方面。

　　通过本项目的学习与实训，写下你的收获。

自我小结：

_____
_____
_____
_____
_____

教师评价：

_____
_____
_____
_____
_____

项目四

旅游者的情绪、需要及旅游动机

项目导入

人们为什么去旅游,选择什么地方、方式旅游,甚至在旅游的过程中购买什么纪念品等,往往都是由人的情绪、需要和动机决定的。因此,了解旅游者的个性倾向,有助于掌握旅游者活动与决策的规律,使旅游活动的内容、安排以及服务能够满足旅游者的心理要求。

项目情境

旅游团结束了在武汉的旅程,接下来他们将乘船游览长江三峡。导游人员陈静决定将自己的感情融入对游客的服务中,为游客营造一个亲切温暖的氛围,让游客产生宾至如归的感觉,以赢得他们的认可。陈静也有信心顺利完成剩余的带团任务。

项目导航

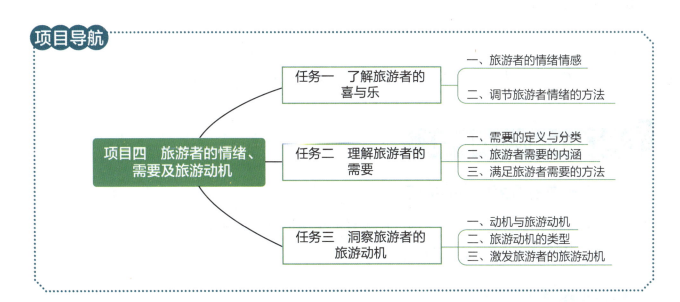

项目四 旅游者的情绪、需要及旅游动机

任务一 了解旅游者的喜与乐

任务目标

1. 了解旅游者情绪与情感的特征及影响因素。
2. 掌握有效调节旅游者情绪情感的手段。

任务描述

在乘船游览三峡的时候，团内一位白发老先生突然咳嗽不止，陈静赶紧上前询问老先生的情况，问他要不要回船舱休息。老人只是说"这是老毛病了，休息一下就好了"，陈静扶老人回到船舱内坐好，然后倒了一杯热水给老人，并嘱咐老人"船上风大，小心着凉"。陈静的照顾使老人很感动，周围的几位游客也都投来赞赏的目光。

思考：
是什么原因使陈静能为老人提供周到细致的服务？

相关知识

俗话说"人非草木，孰能无情"。人是富有感情的社会性动物。情绪情感是人们精神生活的核心部分，在现实生活中人们的一切活动几乎都有情绪情感的印迹。

一、旅游者的情绪情感

（一）旅游者情绪情感的特征

由于旅游活动的异地性明显，因此旅游者的情绪情感会表现出一些特别的特征。具体而言，旅游者的情绪情感具有以下特征：

1. 兴奋性与感染性

旅游者的情绪具有兴奋性高、感染性强的特征，由于旅游者处于完全陌生的环境中时，情绪体验一般比较强烈。同时，旅游团队中一部分旅游者的情绪会在不经意间传染给其他旅

游者，如果个体被不良情绪感染，极易产生认识偏差，导致情绪化行为。游客的情绪化行为易造成不良后果，因此，对于旅游团的整体情绪氛围的调控就显得尤为重要。

2. 短暂多变性

在旅途中旅游者会看到很多日常生活中不容易看到的事物和人文风情，旅游者的注意焦点往往具有短暂多变性，从而导致旅游者情绪的多变性。

3. 波动性

旅游者的情绪波动性主要表现为两极化，遇到自己喜欢的景点，则情绪高涨，激动不已；如果游览无法继续就垂头丧气，甚至可能迁怒于旅游服务人员。

4. 文饰性

一般情况下，个体的内心体验与外部表情保持一致，但在某些情境下可能出现表里不一，即所谓的文饰性。一方面，旅游者由于脱离了惯常的生活环境，其情绪情感的表达会异于日常生活中的体验；另一方面，旅游者处于异国他乡，需要保持个体的良好自我形象，有时虽然对旅游服务人员不满，但碍于面子或一些其他原因，并没有表达出自己真实的情绪体验。

（二）影响旅游者情绪情感的因素

旅游者在旅游活动中所接触的一切，都有可能引起其情绪情感的变化，具体来说，影响旅游者情绪情感的因素主要有以下几种：

1. 旅游者的需要

影响旅游者情绪情感的首要因素是旅游者的需要是否得到满足。需要是情绪、情感产生的重要基础，因此，旅游者的需要是否获得满足，决定着旅游者的情绪、情感的性质。如果能满足旅游者的需要，便能引起他们肯定的情绪，如满意、愉快、喜爱、赞叹等；相反，凡是不能满足旅游者的需要或可能妨碍其需要得到满足的，如路上堵车、饮食不合口味，都会引起旅游者消极的情绪，如不满意、愤怒、憎恨等。

2. 旅游者的认知特点

影响旅游者情绪情感的另一个重要因素是旅游者的认知特点。旅游者的情绪总是伴随着一定的认识过程而产生，因此，同一景点、同一旅游服务人员的行为，由于旅游者个体认知上的差异，会产生不同的情绪情感。例如，同一旅游团里不同的旅游者对北京的认识是不同的，有的旅游者认为北京历史悠久，有很多名胜古迹，文化气息浓郁，是非常值得一游的；而有的旅游者认为北京虽然有很多名胜古迹，但人多、车多，非常吵闹。

3. 旅游者的归因方式

旅游者的情绪情感还受旅游者的归因方式影响，旅游者不同的归因会引发不同的情绪情感。例如：在旅游服务中由于环节过多，出现旅游服务缺陷往往无法完全避免。对于旅游服务缺陷，如果旅游者将其归因于外部不可控的原因，如恶劣的天气，一般不会产生不满意、不愉快的情绪体验；但如果旅游者认为旅游服务缺陷的产生是内部可控的，如旅行社安排的导游经验不足等，将很容易导致旅游者产生愤怒、生气的情绪体验。

4. 团体状况和人际关系

旅游者所在的旅游团队的团队状况和团队内的人际关系也会对旅游者的情绪产生影响，如果一个团队中成员之间心理相容、互相信任、团结和谐，就会使人心情舒畅、情绪积极；如果互不信任、互相戒备，则会时时都处在消极的情绪中。在人际交往中，尊重别人、欢迎别人，同时受到别人的尊重和欢迎，才会产生亲密感、友谊感。

5. 客观条件

影响旅游者情绪情感的客观条件主要是指旅游活动中对旅游者形成外在刺激的因素，它影响游客的知觉，从而使旅游者产生不同的情绪情感体验。这些客观条件主要包括旅游资源、接待设施、自然环境、社会环境。

（三）情绪情感对旅游行为的影响

旅游活动对旅游者来说是一种体验的过程，体验的效果影响旅游者的情绪情感。旅游者的情绪情感对其消费行为有重要的影响作用，主要表现在以下几个方面：

1. 对旅游者感知的影响

旅游者的情绪情感会影响和调节其感知过程。消极的情绪情感会干扰和破坏旅游者的感知过程，使其意识范围变得狭窄，对他人或事物的评价缺乏客观的标准。他们往往以自我为中心，自制力弱，遇事冲动，对事物敏感，有时候会出现攻击性的言语和行为，所以旅游服务人员应敏锐地观察旅游者的情绪情感，及时采取一些必要的措施调整其不良情绪。

2. 对旅游者动机的影响

动机是激发旅游者旅游行为的内在动力。人的任何行为都是在动机的支配下产生的，因此要想有旅游行为产生，先要激发人们的旅游动机。良好的情绪情感会促进旅游动机的产生，反之则会削弱。

3. 对旅游决策的影响

旅游决策是一个复杂的过程，是指个人根据自己的旅游目的，收集加工有关的旅游信息，提出并选择某一个旅游计划，最终付诸实施的过程。这一复杂的消费决策受到很多因素的影响，如旅游企业的宣传、个人因素、社会因素等，其中旅游者的情绪情感是不可忽略的一个因素。旅游者轻松愉快的情绪使其心理和行为也被欢快的气氛笼罩，可以激发旅游者对美的向往，增加他们做出旅游决策的可能性。消极的情绪情感会使人兴趣全无，不易做出旅游的决策。

4. 对旅游活动效率的影响

人们的喜怒哀乐会影响活动的效率，积极的情绪情感能提高活动效率，反之会降低。心情愉悦、情绪高涨的旅游者会积极配合导游服务工作的开展，而心情郁闷、情绪低落的旅游者对导游服务工作往往会产生抵触情绪，对活动产生阻碍作用。

> **案例阅读**
>
> **四川旅游"厕所革命"：改变的何止是卫生**
>
> 2015年，"厕所革命"大幕拉开，四川旅游"厕所革命"随即跟上。4年来，四川旅游"厕所革命"始终掷地有声，扎实推进。目前，全省旅游厕所已建成4 751座，从景区到全域、从城市到农村、从数量到质量，四川旅游厕所正与"多、美、净"的发展目标比肩并起。
>
> 2019年1月3日，城市公园绿道厕所"锦江阁"在成都市高新区江滩公园内亮相，凭借人脸识别取纸、温湿度实时监测、在线医生等智慧功能，吸引了大量市民和游客。
>
> "锦江阁"开辟出的商业区设有自动售货机、咖啡机、共享充电宝等，同时还销售文创产品，其独立的共享空间和亲子互动娱乐空间可以通过扫码付费使用。开放至今，"锦江阁"已经累计服务超过28万人次。
>
> "锦江阁"只是四川探索"以商养厕"的一个缩影。近年来，四川各地在旅游厕所建设管理中充分引入市场机制，以承包经营、授权商业广告、企业冠名赞助、专业管理公司连锁经营等方式，保障厕所经营与管理的持续发展。
>
> "建厕难、管厕难、护厕难、上厕难"是稻城亚丁景区"厕所革命"之前的窘迫现实。据稻城亚丁景区管理局局长王强介绍，"厕所革命"开始后，当地探索"景区+厕所+企业"模式，鼓励和引进专业化环保厕所公司进行品牌化、网格化连锁经营；通过开展"厕所+"商业服务，将旅游厕所建设成集购物、休闲、咨询、宣传等于一体的小型游客服务中心，满足游客多样化需求。
>
> 作为四川旅游"厕所革命"示范市，巴中市探索将旅游厕所与旅游观景台、旅游咨询点、应急救援点等进行整合，并融入图书阅览等功能。其中，光雾山景区将米仓古道文化、三国文化、红色文化等植入旅游厕所设计，深受游客好评。

项目四　旅游者的情绪、需要及旅游动机

> 乐山大佛景区、峨眉山景区投入1 900万元建设以渔船码头、佛禅文化等为主题的"一厕一景"旅游厕所35座；泸州市在旅游厕所建设中结合泸州独特的酒文化元素和民俗风情，增加旅游厕所地方特色。
>
> 探索、利用新技术推动旅游厕所生态环保也必不可少。2018年6月，四川召开2018"厕所革命·四川行动"产品展示对接会，推广展示新材料、新设备和相关新技术。如今，内江市乐贤半岛旅游区、古宇湖旅游景区的生态环保厕所应用生物降解、中水循环利用、真空微冲等技术，基本实现"零排放"；广元市引进生态厕所智能处理系统，对厕所排污进行无害化处理。
>
> 为解决游客"找厕难"问题，2019年上半年，四川启动旅游厕所百度地图上线工作，实现了4400多座旅游厕所均可在百度地图上在线查询、导航、评价等。
>
> 四川各地、各景区也积极探索旅游厕所管理机制，如：邓小平故里旅游区实行旅游厕所"服务外包"管理模式；广元市青川县实行"所长"聘任制模式。全省旅游"厕所革命"正逐步实现管理制度上墙、作业规范、监督有效、服务周到、宣传有力。
>
> 四川省文化和旅游厅相关负责人介绍，下一步，四川将在景区分类管理、重点突破、文化和旅游公共服务融合的基础上，扎实开展推广工作，扩大"厕所革命"工作成效。

二、调节旅游者情绪的方法

分析旅游者情绪的目的在于了解它的作用和产生条件，以便创造有利条件，激发旅游者良好的情绪，产生良好的旅游活动效果。

（一）激发有利的情绪

旅游服务者根据影响旅游者情绪的因素，可采取以下措施调节旅游者的情绪，使他们形成有利的积极情绪，具体措施如下：

1. 设计开发符合旅游需要的产品

旅游产品的设计必须以旅游需要为出发点。由于旅游者需要的多样性和复杂性，旅游产品也要种类丰富，既要有丰富的物质产品，也要有不同层次的精神产品；既要有适合大众需要的产品，也要有满足小众群体需要的个性化产品。随着社会的发展，旅游需要的个性化倾向越来越显著，人们对旅游产品的需求也更加多样化。这就要求旅游产品的开发和设计要和市场紧密结合，不断创新产品，适应旅游市场的发展变化。

2. 提供个性化的旅游服务

旅游企业成功的法则之一就是高质量的服务。旅游企业的硬件条件、设施可以被模仿，

但企业自身的管理和服务是无法复制的。很多旅游企业为了在市场竞争中占有优势，都力图更加注重旅游者个性化的需求，从细节入手，提供有针对性的服务。

3. 提供准确有效的旅游信息

旅游者对旅游信息的了解是形成旅游期望的基础，但并非旅游期望越高越好，因为旅游者的满意度取决于期望所得与实际所得之间契合的程度。当实际所得与期望所得相符时，旅游者会感到满意；当实际所得大于期望所得时，可以激发旅游者更大程度的满足感；当实际所得小于期望所得时，旅游者会不满意。所以，提供准确有效的旅游信息可以确保旅游者的情绪处于积极状态。

（二）调控不利的情绪

因为情绪具有感染性，一旦某个旅游者出现不利的情绪，会很快影响到其他旅游者，所以在旅游服务工作中应尽量避免旅游者产生不利的、消极的情绪。如果出现不利的情绪，应尽快将其控制住。

1. 理智控制

旅游过程中经常会出现一些意外事件，这些事件会使旅游者产生消极情绪，旅游服务人员要善于用理智的思维来调控他们的消极情绪。例如，当旅途中汽车抛锚，一时难以修好时，游客出现了不满情绪，导游人员应该沉着冷静，一方面迅速采取措施来补救，另一方面通过各种手段，使游客从不满的情绪中解脱出来，甚至让游客觉得这种意外事件反倒让人别有一番收获，成为旅游中一段难忘的插曲。

2. 转移情境

情绪大多具有情境性，当不利情绪出现时，如果能够果断转移情境，就可以及时控制游客的情绪。当餐厅服务员与旅游者产生矛盾冲突时，如果让双方争执下去，往往会使矛盾激化，难以控制，甚至会产生严重后果。所以遇到类似的情形，当矛盾刚开始产生的时候，导游人员就要迅速引导游客离开引起激情的情境，到一个比较安静的环境中，使游客慢慢冷静下来，心情恢复平静。

3. 情绪宣泄

情绪宣泄是对自己情绪释放的适应性表达，人们的不良情绪要合理地进行宣泄，这样有助于身心健康，如适当地哭一场、放声歌唱或大声喊叫、向亲朋好友倾诉衷肠或进行剧烈的运动等。在旅游活动中，由于旅游消费和服务的同时性、旅游体验的主观性，当旅游服务质量不符合旅游者期望时，他们就会产生消极情绪。旅游服务人员应选择合适的时机、场所让游客宣泄他们的情绪，并及时采取补救措施，挽回他们的损失。

项目四　旅游者的情绪、需要及旅游动机

案例阅读

迟到的旅游团

服务员王颖正在焦急地等待一个迟到的旅游团。该团原订用餐时间为晚上18时，可是已经晚上19时了，王颖才看见导游带着一群宾客向着餐厅走过来。

"请问，您是F11号旅游团的陪同吗？"王颖忙着走上前问道。

"不是。我们团没有预订，但想在你们这用餐，请务必帮忙解决。"导游急忙解释。

"请您稍后，我马上替您联系。"王颖说完就马上和餐厅经理沟通。餐厅经理了解到F11号旅游团已迟到一小时了，就同意了宾客的要求，请他们先用原订旅游团的餐位。

谁知王颖刚把这批宾客安排入座，F11号旅游团就到了。餐厅经理看着这些面带疲倦的宾客，连忙解释说："实在对不起，你们已经超出原订的时间太久了，所以你们原订的餐位我们已经安排了其他团队。不过，我先带你们去休息室休息一下，马上给你们安排座位，时间不会太久。"他让王颖带宾客去了休息室，并为他们送来茶水。餐厅经理急忙去联系餐位。10分钟后，餐厅经理赶到休息室告诉宾客："现在的宾客太多，大家还要稍等一下。"又过了5分钟，餐厅终于完成了餐位的撤台、摆台、通知厨房出菜等餐前准备工作。

几分钟后王颖再次来到休息室，真诚地对宾客说："对不起，让大家久等了，由于餐前与你们联系不够，没有及时掌握大家晚来的原因，致使大家久候，请原谅。"

"这次迟到主要是我们自己的原因，餐厅能在这么短时间内为我们准备好晚餐已经相当不错了，感谢你们主动热情的服务。"导游带头鼓起掌来。宾客们满意地跟随王颖走进餐厅。

知识考查

1. 旅游者情绪具有_____、_____、_____、_____等特征。
2. 影响旅游者情绪情感的因素主要有_____、_____、_____、_____、_____。其中，影响旅游者情绪情感的首要因素是_____。
3. 旅游者的情绪情感对其消费行为有重要的影响，主要表现在_____、_____、_____、_____。
4. 作为旅游服务人员，我们在对客服务过程中如何激发旅游者的有利情绪？

_____
_____
_____
_____

5. 作为旅游服务人员，我们在对客服务过程中如何调控旅游者的不利情绪？

_____
_____
_____

任务实训

情暖旅途

人是有感情的。陈静之所以对老人提供周到细致的服务，源于她的责任感。生病的老人需要他人的关心帮助，陈静安抚了生病老人敏感脆弱的心理，给老人送去了温暖和体贴。

实训内容：

以"情暖旅途"为主题，教师设置不同的情境并写在纸条上，由学生随机抽取，然后进行情境表演，展示如何针对游客的喜怒哀乐提供有针对性的服务。

实训目的：

通过实训，帮助学生进一步了解心理学的基本原理，培养学生自我学习、提升的能力，锻炼学生的语言组织、表达能力。

实训过程：

（1）将学生分为若干小组，每小组人数由任课教师确定。

（2）各小组分派角色，上台表演。

（3）任课教师对各小组的研究成果进行评价，各小组对其他小组的研究成果进行点评。

任务二　理解旅游者的需要

任务目标

1. 了解需要的含义与分类，理解旅行者需要的基本内容。
2. 掌握在旅游服务工作中满足旅游者需要的技巧。

▶ 项目四　旅游者的情绪、需要及旅游动机

 任务描述

在前几天的旅程中，陈静带领游客游览了武汉大学。团队里的游客有刚工作不久的小韩，有正读高三的小刘，也有正处于事业上升期的赵总。小韩因为没有考上武汉大学，一直心有遗憾，在感受武汉大学深厚文化底蕴的同时，也暗下决心，要报考武汉大学的研究生。小刘游走在校园里，一边欣赏美景，一边感叹将来能考到这所学校该是多么美好。赵总是武汉大学毕业生，重回母校，追忆青春，感慨万千。

思考：
上述三位游客都有哪些不同的心理需要？

 相关知识

人的一生有各种需要。不同的人有不同的需要，不同社会和不同历史时期的人也有不同的需要。那么什么是需要呢？

一、需要的定义与分类

（一）需要的定义

需要是个体感到某种缺乏而力求获得满足的心理倾向，是有机体自身和外部生活条件的要求在头脑中的反映，是人们与生俱来的基本要求。需要就是人对某种目标的渴求或欲望，是人行为的动力基础和源泉，是人脑对生理和社会需求的反映。

（二）需要的分类

1. 生理需要和社会需要

根据需要的起源，需要可以分为生理需要和社会需要。

生理需要源于生命现象本身，是维持自己生命和延续后代的必要条件，如对食物和睡眠、运动和休息、防寒和避暑等方面的需要。这种需要也叫本能需要。

社会需要源于社会生活，是人们对劳动、交往、成就等方面的需要。这种需要是后天获得的，具有社会意义，是人类所独有的。

2. 物质需要和精神需要

根据需要对象的性质，需要可以分为物质需要和精神需要。

物质需要是指满足人们需要的对象是一定的物质或物质产品，人们因占有这些物品而获

得满足。例如,满足人们衣、食、住、行需要的生活物资,满足人们工作劳动需要的生产物质条件等。

精神需要是对精神生活和精神产品的需要,如对知识和知识产品、美和艺术等方面的需要。

人们的物质需要和精神需要不是完全分开的,两者关系密切。精神需要以物质需要为基础,对物质的追求中也包含一定的精神要求,人们对衣物的要求不仅要御寒保暖还要款式新颖漂亮。精神需要也离不开物质需要,如对知识的追求,一定要以各种物质产品为载体。

> **知识拓展**

需要层次理论

美国人本主义心理学家马斯洛提出了需要层次理论。该理论对揭示旅游者的需要提供了很好的理论基础。

需要层次理论指出,人类的基本需要有五种,即生理需要、安全需要、社交需要、尊重需要和自我实现需要,按照它们上下间的依赖程度,分为五个层次(图4-1)。

(1)生理需要。生理需要是个人对生存的基本需要,如吃饭、穿衣、住宅、医疗等。这些需要若得不到满足,人就会有生命危险。

(2)安全需要。安全需要包括心理上和物质上的安全保障,如不受威胁,预防危险事故,职业有保障,有社会保障和退休金等。安全需要要求劳动安全、职业安全、生活稳定、希望免于灾难、希望未来有保障等。

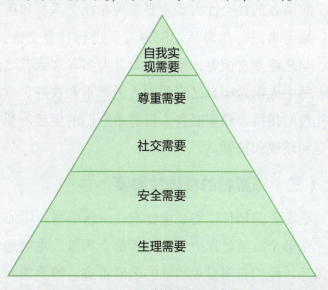

图4-1 马斯洛的需要层次理论

(3)社交需要。社交需要也叫爱与归属需要,是指个人渴望得到家庭、团体、朋友、同事的关怀、爱护、理解,是对友情、信任、温暖、爱情的需要。

(4)尊重需要。尊重需要是指受到别人的尊重和具有内在的自尊心的需要。尊重的需要包括自尊心、自信心以及对独立、知识、成就、能力的需要等。

(5)自我实现需要。自我实现需要是最高等级的需要,就是人尽其所能去做某事才能使自身潜力得到充分发挥。满足这种需要就要求完成与自己能力相称的工作,最充分地发挥自身潜力,成为所期望的人物。

人们外出旅游实际上只是生活场所和生活方式的更换,因此人们在生活方面的一切需要在旅游活动中都有体现。运用马斯洛的需要层次理论可以解释旅游者的很多行为表现,有利于我们了解旅游者的基本需求规律。

二、旅游者需要的内涵

结合马斯洛的需要层次理论和旅游活动的特点，本书将旅游者的需要划分为天然性需要、社会性需要和精神性需要三个方面。

（一）旅游者的天然性需要

旅游者的天然性需要是指旅游者在旅游过程中的生理需要和安全需要，即衣、食、住、行以及人身财物的安全等。在旅游过程中，旅游者也要首先保障自身的生存、安全和健康等，才能进行各种旅游活动。

随着生活质量的提高，人们对健康也越来越关注，所以许多旅游地都将旅游、运动和娱乐结合起来，满足旅游者休闲的需要。

（二）旅游者的社会性需要

旅游者的社会性需要主要表现在社交需要和尊重需要两个方面。

旅游者进行旅游活动时也需要进行社会交往，如探亲访友、结交新朋友以及了解当地人、与之建立友谊等，所以旅游者大多喜欢到有热情好客传统的地方旅游。

每个人都希望自己受到别人的尊重和欢迎。旅游者也同样需要被尊重，他们希望得到热情礼貌的接待，希望服务人员尊重他们的生活习惯，重视并及时满足他们提出的要求，不希望受到歧视和猜疑。

（三）旅游者的精神性需要

旅游者的精神性需要主要有认识新事物、增加人生经历和体验、追求美等的需要。

在整个旅游过程中，旅游者都会积极、主动地去认识各种新鲜事物、追新猎奇以及增长见闻等。他们希望参观当地的名胜古迹、博物馆和艺术馆等，见识当地的自然风貌，还要了解当地的政治制度、习俗习惯和风土人情等。总之，旅游者希望通过不同地方、不同民族、不同时间、不同空间、不同行业等角度去认识、了解一个国家、地区或旅游点，以满足他们认识的需要。

旅游者对美的需要表现在游览过程中要求欣赏各种自然和人工完成的美好事物，如美丽的自然风光、美味的佳肴等；要求住宿的酒店环境优美，房间布置考究雅致；要求就餐的餐厅装饰富丽堂皇或清幽典雅等。

三、满足旅游者需要的方法

（一）打造多样化的旅游产品，满足旅游者不同层面的需求

旅游需要的多样性、综合性，必然要求旅游产品多样化。旅游产品的多样化不仅是指旅

游产品的类型与数量要多，也包括旅游产品质量层次上的差异化，这样才能使游客根据自身条件有更多的选择余地，才能满足不同阶层、不同个性的旅游者多方面的需要。

（二）制定特殊性的旅游产品，满足个性化需求

旅游需求个性化、特色化的发展趋势，必然要求旅游产品具有针对性。针对不同的旅游目标市场提供差别化的旅游产品，根据旅游消费者的兴趣、爱好、价值取向，创造性地设计独具特色的旅游主题和旅游服务方式。

（三）提高旅游产品的文化内涵，满足旅游者不断发展的精神需要

随着旅游需要中精神因素作用的增强，提高旅游产品的文化内涵能够提高旅游产品的商业价值和社会价值，提高在旅游市场的竞争力。旅游产品只有充满文化底蕴，才能保持持久的吸引力和旺盛的生命力。因此在开发策划旅游产品时，应充分调动本地所有可以利用的文化资源，挖掘文化内涵，满足游客对旅游文化品位的要求。还可以依托一些自然和人文历史资源，适当创建一些人造景点、娱乐设施和娱乐节目，使之集观赏性、娱乐性与参与性于一体，增强游客的体验与感受。

知识考查

1. _____就是人对某种目标的渴求或欲望，是人行为的动力基础和源泉，是人脑对生理和社会需求的反映。

2. 根据需要的起源，需要可以分为_____和_____。根据需要对象的性质，需要可以分为_____和_____。

3. 结合马斯洛的需要层次理论和旅游活动的特点，我们可以将旅游者的需要划分为_____、_____和_____三个方面。

4. 简述旅游者需要的主要内容。

5. 作为旅游服务人员，我们应如何满足旅游者的需要？

项目四　旅游者的情绪、需要及旅游动机

任务实训

满足不同旅游者的需要

需要是人们一切行为的原动力，人们的需要不同，行为表现不同。同样是游览武汉大学，小韩、小刘和赵总有不同的心理感受，这源于他们有各自不同的心理需要，这些不同的需要引发了他们不同的情绪情感，进而产生了不同的旅游行为。

实训内容：

以"满足不同游客的需要"为主题，教师设计不同需要的旅游者，学生随机抽取，然后为其推荐旅游产品，重点在于针对旅游者的需要提供旅游产品与服务。

实训目的：

通过实训，帮助学生进一步了解旅游服务心理学的基本原理，掌握满足旅游者需要的方法，培养学生自我学习、提升的能力，锻炼学生的语言组织、表达能力。

实训过程：

（1）将学生分为若干小组，每小组人数由任课教师确定。

（2）各小组利用网络、书籍查找相关资料，制作PPT。

（3）每小组选派一名代表在全班交流、分享本组的研究成果。

（4）任课教师对各小组的研究成果进行评价，各小组对其他小组的研究成果进行点评。

任务三　洞察旅游者的旅游动机

任务目标

1. 了解动机的含义，了解旅游动机的含义。
2. 了解旅游动机的类型。
3. 掌握有效激发旅游者的旅游动机的技巧。

任务描述

在游览武汉大学时，高中生小刘除了欣赏风景，还特意去看了图书馆，并向校园的同学咨询了专业情况。刚刚工作的小韩则直接到研究生院找相关的老师详细咨询。武汉大学毕业生赵总有几个同学毕业后留校工作，他与同学们相约在校园，共叙同窗之情。

思考：

上述三位游客都有什么样的旅游动机？

 相关知识

人们为什么要去旅游？即使去了同一旅游目的地，为什么旅游的具体目标也有差异？怎样才能让旅游者青睐某一旅游目的地？要想回答这些问题，就必须了解旅游动机的基本内容。

一、动机与旅游动机

（一）动机的含义

动机是引起个体活动，维持并促使活动朝向某一目标进行的内部动力。动机是用来解释人为什么有这样或那样的想法与行动。每个人的行为和活动都是由一定动机所驱使的。也就是说，动机是行为的直接动力，行为是动机的外在表现。

（二）旅游动机的含义

旅游动机是推动人们进行旅游活动，并使人处于某种积极状态以达到一定目标的动力。旅游动机的产生和其他行为动机一样，都来自人的需要。比如，为了扩大见闻的需要游览各类博物馆。由于人的需要具有多样性和能动性的特点，人的旅游动机也是千差万别的，反映着人们的不同旅游需要。

二、旅游动机的类型

根据旅游业发展的情况，结合当今旅游者的活动表现和种种旅游行为，人们的旅游动机可以分为以下几种：

（一）健康休闲的动机

繁忙的生活、紧张的节奏使人们对身心健康更加重视。为了暂时摆脱单调紧张的工作和烦琐的家庭事务，通过旅游消除身体的疲劳和心理的紧张感、枯燥感，通过到某地休闲、休养、治疗恢复和增进健康，通过旅游活动或到某地参加体育活动锻炼身体等，都属于这类旅游动机。例如，在优美的自然风光中，享受阳光浴、温泉浴、海水浴，在各种各样的娱乐活

项目四 旅游者的情绪、需要及旅游动机

动中放松身心,以恢复和保持自己生理和心理的健康。

(二)探索求知的动机

这是由人们认识和了解自己生活环境和知识范围以外的事物的需要而产生的动机。具有这种动机的人,由于对获得奇特的心理感受和认识新异事物有强烈的需求,因此即使旅游活动有一定程度的冒险性,也不会成为他们旅游的障碍,甚至还会成为增强这种动机的因素。这种动机要求旅游对象和旅游活动具有新奇性、知识性和一定程度的探险性,如了解其他国家或民族的文化传统、音乐、艺术、历史古迹等;了解不同国家或民族的生活方式、民族习俗、风土人情等;欣赏奇异美丽的名山大川、风光景物等。

(三)社会交往的动机

人们为探亲访友、结识新朋友、开展公务活动进行的旅游,就是社会交往动机的表现。个人、团体的访问,以及为参加各种文化艺术交流活动而进行的旅游,都可以归为受社会交往动机驱使的旅游活动。具有这种动机的旅游者在旅游活动中常常会表现出比较明显的与人交往的愿望。

(四)宗教信仰的动机

为了个人的宗教信仰,参与宗教活动、从事宗教考察、观摩宗教仪式而外出旅游都属于这类动机。目前,世界上信仰宗教的人很多,许多教徒会到异地参加宗教活动,如朝拜宗教圣地、参加庆典活动等。另外,民间还有许多祭祀活动和宗教庆典,会吸引很多教徒或非教徒前去参观;世界上的许多名寺古刹吸引了不少旅游者前去游览。

(五)纪念性与象征性的动机

旅游可以作为某种重要事件的纪念,也可以象征某种地位、声望和能力,有些人出于这种动机而旅游,以引起别人的羡慕,提高在人们心目中的社会地位与声望。事实上,很多旅游者并非由于某一单纯动机而旅游,而是由两种或多种混合动机中的一种动机起主导作用。

知识拓展

旅游需求面临十大变化

2020年4月28日,中国社会科学院旅游研究中心、腾讯文旅与腾讯用户研究与体验设计部联合组织举办"何日更重游?——新冠肺炎疫情下的旅游需求趋势调研报告"线上发布会,会议中发布了《新冠肺炎疫情下的旅游需求趋势调研报告》。旅游的十大变化如下:

发现一:人们更加向往旅游。79%的人对旅游持正面态度,认可旅游的价值,对旅游情感偏好强,而行为倾向性相对较低。

发现二：旅游消费预期有所增长。人均旅游消费增加的主要原因：更多之前未出游的人现在也有旅游计划；中低收入群体的旅游消费力提升；旅游花费在3000元以上的比例较2019年明显提升。

发现三：时间、预算、风险构成三重顾虑。影响旅游计划的主要原因依次是：没有时间，预算不足，担心出游有风险，不确定性大、难做规划，对旅游缺乏兴趣，没有想去的地方，没有合适的旅伴，有其他活动安排，找不到性价比合适的旅游产品，找不到可靠的产品或服务，其他。

发现四：形成新的旅游消费观——亲近自然、结交朋友。旅游动机变化：亲近自然、感受山水仍是首要旅游动机。总体旅游动机均值有所提升，其中进行社交结识新友提升最为显著。

发现五：低收入群体旅游动机上升明显。低收入群体预期的人均旅游次数为3.8次，较2019年增长1.6次，提升显著。

发现六：旅游复苏循序渐进，国庆节和暑期或将成为出游高峰。疫情后，多数人倾向于"国庆"和"暑假"去旅游。

发现七：蕴含国内旅游消费升级的契机。旅游消费支出依次为"住宿""餐饮""交通"。疫情后更看重餐饮卫生，增加餐饮支出的意愿提升。

发现八：去湖北及对口支援省份游玩的热度高涨。疫情前后，全国网民最想去旅游的省份变化:北京依然位居第一;湖北之前不在前十里，但疫情后，提升明显，位居第二。

发现九：风险防范心理改变出行方式和服务关注。旅游者选择目的地时最看重安全卫生。旅游者对退费政策、应急措施、旅游保险给予了更多关注。

发现十：智慧文旅有助于消费复苏。定性访谈显示：游客希望线上发放的文旅消费优惠券是在原价基础上的打折，而不是涨价后的打折。

三、激发旅游者的旅游动机

激发旅游者的旅游动机，就是要调动旅游者旅游的积极性，刺激旅游者的需要，促使潜在旅游者积极地参与到旅游活动中去。旅游动机的激发主要是从改变外在客观条件，即提供旅游的外动力而激发旅游者的内动力。旅游企业要从旅游资源开发、旅游产品设计、旅游优质服务、旅游营销规划方面激发旅游动机。

（一）旅游资源开发

旅游行为的产生是内外因素共同作用的结果，内因是旅游者自身的因素，难以左右。旅游企业应着重从影响旅游者出游的外部因素着手，采取有效措施提高人们的旅游积极性，促使潜在旅游者的旅游动机转化为旅游行为。旅游资源价值是其吸引力大小的关键，对于不同

项目四　旅游者的情绪、需要及旅游动机

类型的旅游资源来说，其独特性越强，则优势越明显。具体而言，旅游企业对旅游资源的开发应注意以下问题：自然旅游资源"原始化"；强化资源的独特性；可持续发展原则与环境保护意识；开发应以市场为导向，开发旅游者需要的旅游资源等。

（二）旅游产品设计

旅游产品的吸引力体现在其鲜明的特色、丰富的内涵和合理的价格上。具体而言，旅游线路的设计应遵循以下原则：线路设计要尽可能迎合旅游者的需求；做到人无我有，人有我优；生态效益原则；进得去，散得开，出得来原则；推陈出新原则；旅行安排的顺序与节奏感原则。

案例阅读

黔江"寻美"的四种打开方式

1. 寻"氧"记

地处北纬30°，森林覆盖率60%，空气优良天数350天，负氧离子丰富……黔江是一片生态的净土。这里是"中国清新清凉峡谷城"。

中国气象学会专家组在对黔江生态旅游气候资源评估论证后认为，黔江气候清凉，夏无酷暑，冬无严寒；黔江空气清新，生态环境质量优良，负氧离子丰富；黔江旅游资源丰富，峡谷峡江独具特色。

黔江被定格成为一座"清新清凉、宜居宜业、生态康养"的美丽城市，一座"望得见山、看得见水、记得住乡愁"的魅力城市，一座清新靓丽、远近闻名的旅游城市。

2. 寻"游"记

绿水青山就是金山银山。黔江最好的资源，就是绿水和青山。

到黔江旅游，就是一趟净心、濯心之旅。从建设"旅游大区"开始，黔江一直在探索文旅融合发展之路。这里有浸润在斑驳梦里灵山秀水的美丽，有涵养在亿万年地球演变故事中峡江密林奇洞的神秘，有镌刻在生生不息里土家原乡的魅力，南溪号子、土家摆手舞、后河古戏等非遗文化源远流长。这里物华天宝、人杰地灵，民风古朴、民俗奇特，巴楚文化在此交融，底蕴丰厚。大型民族歌舞诗剧《云上太阳》《濯水谣》，犹如一朵朵灿烂的民族之花绽放于海内外……人文黔江、化心承道，注定成为这里旅游发展的主格调。

3. 寻"富"记

靠山吃山，靠水吃水。

在旅游扶贫中，黔江区瞄准发展优质水果、有机蔬菜、中药材等现代特色效益农业、乡村旅游业和集民俗风情、土家民居、古镇文化、休闲农业、生态文明、婚庆摄影、体育赛事于一体的特色乡村旅游产业。仅阿蓬江"一江两岸"，已培育休闲农业与乡村旅游示范点125个、精品线路10余条、星级农家乐100余家。

"养儿不用教，酉秀黔彭走一遭"这句谚语流传于武陵山腹地的东南地区。它真实、毫不夸张地描述了黔江等地贫穷的面貌。如今，美丽的黔江正向世人展示着它的生态美、清新美、和谐美、乐业美、康养美……

4. 寻"安"记

天时、地利与人和，成就了黔江之美。

黔江之美，又应了天时、地利与人和！

黔江之行，让你感受到真正是寻"安"之旅，心安，身也安。

这得益于黔江区把和谐、安全、稳定的发展环境当作促进县域经济社会快速发展的基石。近年来，一大批与人民群众期待高度契合的民生实事在黔江压茬推进，获得群众的衷心拥护、鼎力支持和由衷点赞，百姓的满意度、获得感、幸福感节节攀升，全区上下形成了风清气正、干事创业的良好氛围。

（三）旅游优质服务

尽善尽美的服务是激发旅游动机的前提。旅游服务人员应在规范服务标准的基础上向旅客提供个性化服务，最大限度地满足旅客的需求，以促使其再次消费或免费为本企业做宣传。这种借助旅游者向周围人宣传旅游的经历和感受的方式，也可诱发周围人的旅游动机，让更多的人投入旅游活动中来。个性化服务水平的提高可以从强化员工的服务意识、提高服务人员的素质、优化旅游服务设施等方面入手。

（四）旅游营销规划

旅游营销是发展旅游业、获得经济效益的重要环节，是指从以了解旅游者的消费需求为起点到以满足旅游者的消费需求为终点的全部企业经营管理循环活动。通过营销旅游突出企业形象，提升企业的知名度，争得旅游客源，实现效益。旅游营销的手段很多，如企业可以通过网络、广播、电视、报刊、新闻发布会、展览会等对新开发的旅游景点、新开辟的旅游线路、新的旅游节目以及旅游常识等进行长期连续的宣传、推广，以激发众多潜在旅游者的旅游兴趣。另外，当营销的强度和规模达到一定程度时能优化社会环境，从而刺激旅游者的旅游动机。

知识考查

1. _____ 是引起个体活动，维持并促使活动朝向某一目标进行的内部动力。

2. _____ 是推动人们进行旅游活动，并使人处于某种积极状态以达到一定目标的动力。

项目四　旅游者的情绪、需要及旅游动机

3. 结合当今旅游者的活动表现和种种旅游行为，我们可将人们的旅游动机分为_____、_____、_____、_____、_____。

4. 作为旅游服务人员，我们应该如何激发旅游者的旅游动机？

_____

_____

_____

_____

任务实训

激发旅游动机

不同游客有不同的旅游需要，这些需要因为条件的具备而转化为旅游动机，基于不同需要而产生的旅游动机也是不同的，不同的旅游动机使他们表现出不同的行为。

实训内容：

以"激发旅游动机"为主题，教师设计不同需要的旅游者，学生随机抽取，说明其旅游动机的类型，说明激发其旅游动机的方法。

实训目的：

通过实训，帮助学生进一步了解旅游服务心理学的基本原理，了解旅游动机的类型，掌握有效激发旅游者旅游动机的方法，培养学生自我学习、提升的能力，锻炼学生的语言组织、表达能力。

实训过程：

（1）将学生分为若干小组，每小组人数由任课教师确定。

（2）各小组利用网络、书籍查找相关资料，制作PPT。

（3）每小组选派一名代表在全班交流、分享本组的研究成果。

（4）任课教师对各小组的研究成果进行评价，各小组对其他小组的研究成果进行点评。

项目总结

旅游者的情绪情感具有以下特征：兴奋性与感染性、短暂多变性、波动性、文饰性。影响旅游者情绪情感的因素主要有以下几个方面：旅游者的需要、旅游者的认知特点、旅游者的归因方式、团体状况和人际关系、客观条件。

需要是个体感到某种缺乏而力求获得满足的心理倾向，是有机体自身和外部生活条件的要求在头脑中的反映，是人们与生俱来的基本要求。结合马斯洛的需要层次理论和旅游活动的特点，本书将旅游者的需要划分为天然性需要、社会性需要和精神性需要三个方面。

动机是引起个体活动，维持并促使活动朝向某一目标进行的内部动力。旅游动机是推动人们进行旅游活动，并使人处于某种积极状态以达到一定目标的动力。人们的旅游动机分为健康休闲的动机、探索求知的动机、社会交往的动机、宗教信仰的动机、纪念性与象征性的动机。

通过本项目的学习与实训，写下你的收获。

自我小结：

教师评价：

项目五 不同阶段的旅游服务心理

项目导入

旅游业的发展，不仅需要多样化的旅游资源、现代化的交通工具、旅游饭店、科学完善的管理体系等这一系列基础、客观的条件，还需要服务人员、服务机构及其他相关管理部门提供优质的服务，才能使旅游者"高兴而来，满意而归"。旅游服务是旅游业的灵魂。

旅游活动的关键是"游"。在游览过程中，旅游交通服务、旅游饭店服务、餐饮服务、游览服务、购物服务等服务质量的好坏影响着旅游企业的命运和前途，因此应提高旅游服务人员的服务心理素质，增强其职业的适应性，为旅游者的旅游活动奏响和谐的乐章。

项目情境

武汉—长江三峡旅游活动结束后，陈静可以休息一段时间了，她先抓紧时间对本次带团工作进行了总结。旅行社刘经理让朱华对该团的部分游客进行了回访，并把回访结果反馈给了陈静。

项目导航

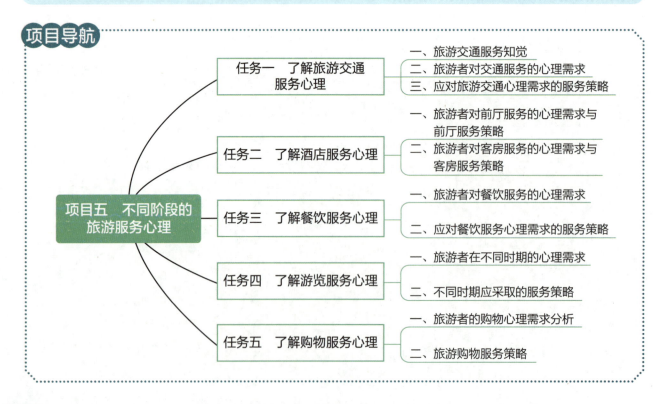

项目五 不同阶段的旅游服务心理

- 任务一 了解旅游交通服务心理
  - 一、旅游交通服务知觉
  - 二、旅游者对交通服务的心理需求
  - 三、应对旅游交通心理需求的服务策略
- 任务二 了解酒店服务心理
  - 一、旅游者对前厅服务的心理需求与前厅服务策略
  - 二、旅游者对客房服务的心理需求与客房服务策略
- 任务三 了解餐饮服务心理
  - 一、旅游者对餐饮服务的心理需求
  - 二、应对餐饮服务心理需求的服务策略
- 任务四 了解游览服务心理
  - 一、旅游者在不同时期的心理需求
  - 二、不同时期应采取的服务策略
- 任务五 了解购物服务心理
  - 一、旅游者的购物心理需求分析
  - 二、旅游购物服务策略

任务一　了解旅游交通服务心理

任务目标

1. 了解旅游交通服务知觉的主要内容。
2. 理解旅游者对交通服务的心理需求。
3. 掌握应对旅游交通心理需求的服务策略。

任务描述

武汉—长江三峡旅游团原计划乘7月30日的高铁于8：05离开重庆前往武汉，但由于天气原因列车取消。由于计调疏忽，没有通知导游人员陈静，也没有更改带团计划，结果游客在车站白等了一小时。

思考：
如果你是导游，你会怎样处理？

相关知识

旅游交通是旅游业发展的重要环节之一，旅游交通服务也是旅游服务中不可缺少的一部分。做好旅游交通服务，一定要了解旅游者对旅游交通服务的心理需求。

一、旅游交通服务知觉

旅游交通是由客源地到旅游目的地的往返，以及在旅游目的地内的空间转移过程。旅游交通使客源地与目的地空间相互作用的产生成为可能，使每位旅游者都能"进得来、散得开、出得去"。旅游交通与整个交通体系联系在一起，是在客运交通的基础上根据旅游需求发展起来的一种组织形式。旅游交通硬件由两个部分组成，即旅游交通设施（如公路、铁路、水道等）和旅游交通工具。

（一）对航空旅游交通的知觉

飞机是适用于远程旅游和讲究时效的商务旅游的交通工具，其优点是快速、方便，缺点是价格昂贵。对绝大多数尚未决定是否出游的人来说，大幅折扣机票使他们极为动心；旅游者关心起降时间、是否能按时抵达目的地、中途着陆次数等信息。

（二）对铁路旅游交通的知觉

火车是国内中、近距离旅游的主要交通工具。高速铁路为区域旅游发展按下了"快进键"，让游客出行的获得感不断提升。高速铁路产生了明显的"时空压缩效应"，让游客出行的空间距离逐渐增大，使得旅游资源吸引范围显著增大。

铁路旅游交通的特点包括：

（1）运载力大，安全性高，运行时间准时正点，可沿途观赏风景，不会交通堵塞，环境污染较小。

（2）运行速度快，最快每小时可达350千米，"八纵八横"高速铁路网基本成型，大大提升了人们出行的快捷性，让游客可以走得更远。

（3）1小时交通圈形成，"同城化"效应不断扩大，很多列车"朝发夕至"，增加了"点对点"的直达旅客列车。

（4）按照"零距离换乘"理念，打造现代化客运枢纽和旅客中转换乘中心，车站与城市公交系统甚至机场融为一体，满足了旅客换乘便捷、候车舒适的需求。

（5）在旅游旺季和旅游热点地区开设旅游专线、红色旅游专列、新疆旅游专列、内蒙古草原旅游专列等，极大地满足了旅客的出游意愿。

（6）舒适程度高，新车型设备好，外观和内饰高雅漂亮、干净清洁。

（7）基于互联网信息技术的新一代铁路客票系统的研发使用，自助验证取票、智能验票进站、机器人问询、App资讯查询、服务预约、互联网订餐、动车高铁接续换乘、动车组选座等创新服务产品的推出，极大地改善了游客的出行体验。

（三）对公路旅游交通的知觉

汽车是近距离旅游和旅游景区内的交通工具，包括私人小汽车、公共客运汽车和长途公共汽车。现代高速公路网的建立、健全，使汽车旅游显得更安全、快捷与便利。社会经济的发展、私家车数量的猛增带动了自驾旅游的发展。

汽车旅游的最大优点是方便、自由、灵活，可随时随地停留，任意选择旅游地点，实现"门到门"的运送，把旅游活动扩大到面；缺点是运载舒适度较低，路况拥挤。

（四）对水运旅游交通的知觉

水运旅游交通是既古老又现代的运输方式。在有些地区，水运是比较经济和快捷的交通方式。有些旅游项目必须利用水运旅游交通，如长江三峡游览。

远洋邮轮是"浮动的休养地""浮动的大饭店""浮动的娱乐场所"，它为国际旅游提供了一种新型旅游模式。邮轮、游船的舒适度较高，船内旅游项目多，服务有特色，在旅途过程中就能游览休闲，但受气候影响较大。邮轮的选择与其能够到达的港口城市或旅游景点的多少、航程的远近、停靠地观光娱乐项目的多少，客舱、餐厅、游艺厅的设施是否舒适，娱乐活动是否丰富有趣，游伴是否令人愉快，购物是否方便有密切关系。

（五）对特殊旅游交通工具的知觉

特殊旅游交通工具是在旅游目的地或规模较大的旅游景区内，为适应特殊的自然条件或文化氛围及特殊的旅游需求而提供的交通服务，如索道、缆车、滑竿、竹筏、橡皮船、骆驼、雪橇等。景区内的电动游览车、羊车、马车等交通和娱乐融为一体；乘坐缆车既能避免上山、下山过度消耗体力，又能以另一种视角欣赏风景；还有一些民族地区的溜索，架在深山峡谷，这些交通工具都由于其独特性容易引起游客的兴趣。

二、旅游者对交通服务的心理需求

（一）求安全的心理

根据马斯洛的需要层次理论，安全需要是人们满足生理需要后最基本的心理需求。安全是旅游活动的前提，没有安全保障的旅游是无法吸引旅游者的。只有旅游交通服务具备了安全性，旅游者才敢"旅"，才能"游"。所以，旅游交通服务只有确保了旅游者的安全，才是有效的服务。

（二）求快捷的心理

旅游者的时间观念很强，许多旅游者从快节奏的工作转换到慢节奏的休闲时，会出现不适应。旅游者希望花费在旅途中的时间是短暂的，所以长距离的旅行容易引起疲劳。因此，旅游者对旅游交通服务常有"快捷"的生理需求和心理需求，他们要求"旅宜速"。为了尽量地缩短旅游的时空距离，很多旅游者选择飞机作为交通工具，如果乘火车，也多选择高铁。

> **案例阅读**
>
> #### 高铁游，搅动旅游市场的"鲶鱼"
>
> 2020年9月12日8点51分，300余名上海游客乘坐C3856次列车从上海火车站启程，经沪苏通铁路抵达有"崇川福地"之称的江苏南通，开启为期两天的人文休闲之旅，这标志着沪苏通铁路开通后的首趟高铁旅游专列顺利开行。
>
> 2020年7月1日，沪苏通铁路正式开通运营。借助这阵"东风"，上海铁路国际旅游有限公司和南通市文旅局签订了战略合作协议，针对上海游客的旅游消费特点和需求，设计推出以"乘着高铁游南通"为主题的相关旅游产品。

项目五　不同阶段的旅游服务心理

上海铁路国际旅游有限公司副总经理李莉介绍，此次推出的两天一夜南通旅行项目，不仅能使旅客游览狼山国家森林公园、唐闸古镇等景区，还将带旅客去周边农家乐品尝可口的狼山鸡等当地农家美味。整趟专列一价全含，最低只需200元，产品一经推出，300多个席位销售一空。"起初我也没想到会这么火爆，看来高铁对于人们出行旅游的吸引力的确非同寻常。"李莉说。

合福高速铁路犹如一条珍珠项链串联起多个重要景区，而武夷山、三清山、婺源、黄山等都是这条项链上的璀璨明珠。旅游资源汇集而成的"大景区"，拓展了旅游市场的空间格局，开启了闽赣皖三省"后花园"秀美风光共享模式，极大地促进了地方经济发展。

如今，人们乘坐高铁出行的占比正在飞速增加。数据显示，我国2019年高速铁路日均发送旅客达638.3万人次，高速铁路运量占铁路旅客发送量连续4年超过50%。《中长期铁路网规划》显示，预计2025年中国高速铁路网规模将达3.8万千米，届时高铁出行将更加便利，也更加普遍，有望带动超15亿人次进行高铁旅游。

（三）求准时的心理

旅游者外出旅游时总是希望一切活动都能按计划进行，这样一方面能保证他们旅游结束后的生活、工作正常进行，另一方面还能使他们产生信任感和安全感。如果在旅游中旅游者所乘坐的游览车耽误了时间，他们认为这会减少他们的旅游时间，扰乱他们正常的旅游活动。同时，由于等待被人认为是最无聊的事情，旅游者会因此感到烦躁，进而产生不安、不满、反感、恼怒的情绪。所以，旅游服务人员要了解旅游者"准时"的心理需要，做好旅游服务工作。

（四）求舒适的心理

旅途中要求舒适，得到好的照顾和服务，也是旅游者的基本心理需求。较长时间坐车、船、飞机旅行，会使旅游者产生生理上的不适、疲劳感，以及心理上的烦躁、郁闷感。如果交通工具内的噪声大、空气混浊、温度偏高、座位不适等，就更容易引起旅游者的反感。

> **知识拓展**
>
> **新一代标准高速动车组**
>
> 新一代标准高速动车组"复兴号"（图5-1）是我国自主研发、具有完全知识产权的新一代高速列车，它集成了大量现代高新技术，牵引、制动、网络、转向架、轮轴等关键技术实现重要突破。

图 5-1 宽敞舒适的动车组"复兴号"

与"和谐号"CRH系列相比,"复兴号"高速动车组具有以下几大升级点:

(1) 寿命更长。"复兴号"的设计寿命达到了30年,而"和谐号"是20年。

(2) 车型更好。采用全新低阻力流线型头型和车体平顺化设计,车型看起来更优雅,跑起来也更节能。

(3) 容量更大。列车高度从3 700毫米增高到了4 050毫米,而且座位间距更大。

(4) 舒适度更高。空调系统充分考虑减小车外压力波的影响,通过隧道或交会时减小乘客耳部的不适感;列车设有多种照明控制模式,可根据旅客的需求提供不同的光线环境。

(5) 安全性更高。"复兴号"设置智能化感知系统,建立强大的安全监测系统,能够对走行部状态、轴承温度、冷却系统温度、制动系统状态、客室环境进行全方位的实时监测。在车头部和车厢连接处,还增设碰撞吸能装置,在低速运行中出现意外碰撞时,可通过装置变形,提高动车组的被动防护能力。

三、应对旅游交通心理需求的服务策略

(一)确保安全

保证交通安全是旅游交通服务最基本的工作。旅游交通服务部门要采取各种措施防止或减少在旅途中发生交通事故,因为一次交通事故会给旅游者在心理上留下阴影,影响旅游者旅游动机的产生。尤其是对那些经历过交通事故的人,少则几个月,多则几年才能在心理上逐渐淡化交通事故留下的阴影,甚至有些人终生都对旅游存在一种畏惧心理。

(二)加强硬件设施建设

加强旅游交通硬件设施建设,主要是指机场、车站、码头、交通工具的建设及实现服务

项目五 不同阶段的旅游服务心理

现代化、网络化。现代化的运输网络、现代化的交通运输工具为旅游者提供了准时、快捷的交通服务。交通设施的完善解除了旅游者对旅游交通的担忧，为旅游业的发展奠定了基础。

（三）加强软件设施建设

要提高旅游交通服务的质量就必须加强交通服务的软件建设，即培养具有良好职业心理素质的服务人员。他们应该具备以下素养：

1. 要有过硬的知识、技能

为确保旅游者生命财产的安全，必须加强对服务人员的安全教育，使他们强化安全意识，提高安全操作技能、服务技能，对交通工具、基础设施进行严格的维护与检查，加强安检。

2. 要有良好的情感品质

良好的情感品质是提供优质服务的前提。具备良好情感品质的服务人员有顽强的毅力、高度的责任心、丰富的情感，能真心诚意地关怀旅游者，使服务体现出人情味。

3. 要具备敏锐的观察力

观察力强的服务人员能主动察觉旅游者的需要，并及时提供体贴入微的服务，能机敏、果断地判断、分析、处理各种事件，使服务更有针对性。

总之，随着旅游事业的发展，旅游者对旅游交通服务的要求越来越高，旅游交通部门只有不断地完善交通设施，提供高质量、多方位的服务，才能满足旅游者对旅游交通服务的心理需求。

知识考查

1. _____是由客源地到旅游目的地的往返，以及在旅游目的地内的空间转移过程。

2. _____是适用于远程旅游和讲究时效的商务旅游的交通工具；_____是国内中、近距离旅游的主要交通工具；_____是近距离旅游和旅游景区内的交通工具。

3. _____是旅游交通服务最基本的工作。

4. 作为旅游服务人员，我们应该如何提升软件设施建设以满足旅游者的旅游交通服务心理需求？

_____

_____

_____

任务实训

设计交通方案

旅游交通服务是旅游服务中不可缺少的部分，做好旅游交通服务一定要了解旅游者对旅游交通服务的心理需求。

实训内容：

以"设计交通方案"为主题，教师设计不同风格的旅行团，学生随机抽取，为其设计旅游交通方案，重点满足旅游者的心理需求。

实训目的：

通过实训，帮助学生进一步了解心理学的基本原理和研究方法，掌握应对旅游交通心理需求的服务策略，培养学生自我学习、提升的能力，锻炼学生的语言组织、表达能力。

实训过程：

（1）将学生分为若干小组，每小组人数由任课教师确定。

（2）各小组利用网络、书籍查找相关资料，制作PPT。

（3）每小组选派一名代表在全班交流、分享本组的研究成果。

（4）任课教师对各小组的研究成果进行评价，各小组对其他小组的研究成果进行点评。

任务二　了解酒店服务心理

任务目标

1. 了解旅游者对前厅服务心理需求的主要内容。
2. 掌握应对旅游者前厅服务心理需求的服务策略。
3. 了解旅游者对客房服务心理需求的主要内容。
4. 掌握应对旅游者客房服务心理需求的服务策略。

任务描述

游客对游览路线以及陈静的服务都很满意。到了武汉，正好赶上旅游旺季，虽然旅行社

项目五　不同阶段的旅游服务心理

在酒店安排了住宿，但是由于前一日的列车取消，酒店将部分客房安排给了其他客人。当陈静带领游客到达酒店时，客房已经不够了。酒店积极进行协调，可以安排一部分游客住到附近的其他酒店，或者在酒店加床，但是部分游客并不满意。

思考：
如果你是陈静，你会怎样处理呢？

相关知识

酒店是为旅游者提供住、吃、购、娱等综合服务的场所。旅游者进入酒店消费就是希望能受到热情的接待，希望能得到各方面优质的服务，希望物有所值甚至物超所值，希望酒店提供方便、安全、卫生、安静的环境氛围。酒店服务人员要掌握旅游者的心理变化规律，随时改变自己的服务方式，做好有针对性的优质服务，满足旅游者的心理需要。

一、旅游者对前厅服务的心理需求与前厅服务策略

（一）旅游者对前厅服务的心理需求

1. 求尊重的心理

旅游者从出发地来到酒店，第一个接触的部门就是前厅。客人无论来自何方，都希望第一眼看到的是服务人员亲切、友善的笑脸，听到的是温馨、礼貌的话语，感受到的是规范、熟练的服务（图5-2）。

图 5-2　规范熟练的前厅服务

2. 求方便的心理

随着酒店服务的种类、要求越来越多，范围越来越广，旅游者希望入住酒店后能够足不

出户就可以满足生活上、工作上的一些需求，使自己的旅行生活更加便利。

3. 求快捷的心理

旅游者经过长途跋涉已经非常疲惫，在前厅办理手续时，希望在最短的时间内将事情办好，将问题解决。这样，他们就可以尽快进入房间休息。

4. 求信息的心理

来到陌生地域的旅游者大多会迫切地向前厅服务人员询问各种问题，包括酒店内部的信息，如服务项目、种类、价格、优惠等；酒店外部的信息，如旅游景点、交通、风土人情、购物中心的位置等。

（二）前厅服务策略

1. 重视第一印象

（1）仪容仪表。服务人员要穿统一的工作服，保持整洁、干净，佩戴工号牌；按要求化淡雅的妆容，留规定的发型；精神饱满而热情，仪态落落大方，以良好的状态迎接旅游者的到来。

（2）服务语言。要使用敬语，用职业化的语言与旅游者进行交流、沟通；在交流与沟通的过程中，尊重旅游者的语言习惯；给旅游者表达自己要求与愿望的时间，注重听取旅游者的意见并尽量给予合理化的建议。

（3）服务态度。对待任何一种职业、任何一种身份、任何一种国籍的旅游者，都应该做到一视同仁。在整个服务过程中，尊重旅游者的不同，尽量满足他们的要求，让旅游者能够怀着对前厅的美好印象开启愉快的旅途。

2. 提高对客服务技能

（1）具有敏锐的观察能力。服务人员应具有敏锐的观察能力和较强的语言沟通能力，能够通过观察与交流，通过旅游者的语言、着装及其他特征，在最短的时间内对旅游者的性格、需求做出简单的、初步的了解。

（2）熟练掌握各项服务技能。服务人员应能够对各项服务技能、软件系统，如客账系统、客房管理系统、行李服务、问询服务等，进行熟练的操作和使用，及时掌握客房状态，快速办理入住和结账手续，为旅游者节约等待时间。

（3）不断提高客房服务技能。根据前厅各项技能的要求与标准，合理制定培训内容；利用下班、淡季的时间，进行理论与实践操作的培训；在培训结束后进行严格的考核，及时发现并解决培训中存在的问题。

3. 掌握酒店内外各类信息

（1）掌握酒店内部信息。酒店服务人员要牢记酒店所处的位置、创始人、开业时间、经营理念、空间布局、餐饮产品、服务项目及收费标准等信息。

（2）掌握酒店外部信息。酒店服务人员要熟知如机场码头与酒店的距离、酒店的方位；大型购物场所、小吃一条街、公园的具体位置；到达周边旅游景点乘坐的交通工具、路线与收费标准等信息。

为旅游者提供问询服务时，酒店服务人员应该给予准确、及时的回答，同时根据他们的要求给予合理的建议或意见。

二、旅游者对客房服务的心理需求与客房服务策略

客房，作为酒店的基础与主体设施，是旅游者在入住酒店期间逗留时间最长的地方。在旅游者旅行的过程中，客房不仅仅是能够使旅游者得到休息、消除疲劳的地方，更是他们社交与商务活动的主要场所。酒店服务人员要有针对性地做好服务工作，同时满足旅游者物质和精神的需求，提高酒店的形象，创造更高的经济效益。

（一）旅游者对客房服务的心理需求

1. 求干净整洁的心理

旅游者到客房最先关注的是房间的卫生状况。客房的有些用具是许多人用过的，所以旅游者希望客房的用具是清洁卫生的，特别是对那些容易传播疾病的用具，如茶杯、马桶、拖鞋等，希望酒店能严格消毒，以保证干净卫生。

2. 求安静的心理

客房的主要功能是用于旅游者休息，客房环境的安静是保证这一目的实现的重要因素。白天的旅游活动可能会让旅游者比较累，所以旅游者都希望客房环境保持安静，给人舒服的感觉。

3. 求安全的心理

旅游者是把外出旅游期间的安全放在首位的。旅游者在酒店需要的安全感包括财产和人身安全两个方面。旅游者在住宿期间，希望自己的人身与财产安全得到保障，能够安心地休息。他们不希望自己的钱财丢失、被盗，不希望自己的秘密被泄露出去，不希望发生火灾、地震等意外事故。

4. 求尊重的心理

旅游者住店，希望自己是受服务人员欢迎的人，希望看到的是服务人员真诚的微笑，听到的是真诚的话语，得到的是热情的服务；希望服务人员尊重自己的人格、尊重自己的生活习俗，希望真正体验到"宾至如归"的感觉。

（二）客房服务策略

1. 尊重旅游者

在服务过程中，服务人员要时刻尊重旅游者，要以尊重的态度为旅游者提供满意的服务。首先，语言上尊重旅游者。对旅游者使用尊敬的称呼，如记住旅游者的姓名，并随时使用姓名去称呼他们。这样，一方面可以拉近彼此之间的距离，增加亲切感；另一方面可以显示自己对旅游者的重视，增加旅游者受尊重的感受。其次，尊重旅游者的习俗、生活习惯和信仰。只有尊重旅游者的风俗、生活习惯，他们才会对服务感到满意。

2. 服务要注意细节、周到热情

（1）要给旅游者提供安静的休息环境，要做到"三轻"——走路轻、说话轻、操作轻，并用自己的言行去影响那些爱大声说笑的旅游者，用说服、暗示等方式引导旅游者自我克制，放轻脚步，小声说笑。

（2）没有得到召唤或允许，不能擅自进入旅游者的房间，有事或进行清扫服务前要先敲门，清扫时不能随意乱动旅游者的物品，不能随便向外人泄露旅游者的情况。

（3）帮助旅游者消除陌生感、拘谨感和紧张感，使其心理上得到满足和放松。服务人员要精神饱满，面带微笑，语言亲切，态度和蔼，最大限度地消除旅游者的陌生感、距离感等，缩短游客与服务人员之间的距离，增进彼此的信赖感。

（4）服务要周到热情。服务人员要主动迎送，主动引路，主动打招呼，主动介绍服务项目，主动照顾老弱病残游客等。服务人员要在最短的时间内提供旅游者所需的服务，并做到细致入微。这要求服务人员要善于了解旅游者的不同需要，采取有针对性的服务，根据每个旅游者的需要、兴趣、性格等个性特点，确定合适的服务方式。

3. 保持客房设施干净、功能完好

客房每天都要进行清洁整理，包括及时清理客用垃圾，按照酒店或游客的要求更换床单被褥及其他日用物品（图 5-3）。服务人员在清理客房时，可以采取一些措施来增强旅游者心理上的安

图 5-3 整洁卫生的客房

全感。比如，在清理马桶后贴上"已消毒，请放心使用"的标志，在茶具、刷牙杯子上罩上印有"已消毒，请放心使用"字样的纸袋等。

客房的所有设备只有都是完好的，才能供游客使用。这就要求服务人员平时要加强对设备的保养和检查，具有吸收和应用新技术的能力，遇有损坏的设备要及时维修，以确保客房使用功能的完整性。

案例阅读

视频《杯子的秘密》引爆舆论

2018年11月14日晚，某微博认证用户发布了一条11分钟左右的视频，讲的是他过去一年拍的五星级酒店的工作人员是如何打扫酒店房间卫生的，有的甚至用同一条毛巾擦完洗手盆擦杯子擦镜子擦马桶……

这条视频《杯子的秘密》用针孔摄像头拍摄了酒店的洗漱台和卫生间，他说他可能是中国酒店住得最多的人，过去六年以酒店为家，入住了147间五星级酒店和精品设计酒店，超过2 000个房晚，的确是以酒店为家了。

视频中，在希尔顿旗下的北京某酒店，一位清洁人员捡起地板上的脏浴巾擦起了口杯、洗手盆、镜面，另一位则用脏抹布擦咖啡杯。

凯悦集团下的北京某酒店，服务员使用脏毛巾擦杯子和餐具，直接撩起衣角擦杯子。

香格里拉集团下的福州某酒店，清洁人员直接用客人擦过脸的毛巾擦洗手台和杯子。

万豪酒店旗下的贵阳某酒店，服务员使用房客使用过的浴巾擦杯子，南昌喜来登的服务员则用同一块抹布擦镜面、洗手池、马桶、浴室和杯子。

同样是万豪集团的上海某酒店，这家奢侈品牌同名酒店4 500元/晚，服务员从垃圾桶里回收一次性的塑料杯盖用自己的T恤擦一下重复使用，用客人擦过脸的小方巾擦杯子和洗手台。

四季集团旗下的上海某酒店，服务员拿着一块海绵擦完洗澡间的毛巾擦杯子和洗手池，再用未经过清洗的脏毛巾擦干台面和杯子。

文化东方集团旗下的某酒店，用客人用过的毛巾擦杯子和洗手台……

酒店作为服务业，最重要的就是在各种细节上做到五星级，这不是服务人员见到客人就微笑、弯腰鞠躬就可以的。这需要酒店管理者从上至下真正遵守规范。

知识考查

1. 旅游者对前厅服务的心理需求包括：_____。
2. 旅游者对客房服务的心理需求包括：_____。
3. 简述酒店前厅的服务策略。

_____
_____
_____
_____

4. 简述酒店客房的服务策略。

_____
_____
_____
_____

任务实训

如果我是陈静

旅游者入住酒店消费就是希望能受到热情的接待。酒店服务人员要掌握旅游者的心理变化规律，做好有针对性的优质服务，满足旅游者的心理需要。

实训内容：

以"如果我是陈静"为主题，帮助陈静提出解决方案。

实训目的：

通过实训，帮助学生进一步了解心理学的基本原理，掌握旅游者对酒店服务的心理需求及对应的服务策略，培养学生自我学习、提升的能力，锻炼学生的语言组织、表达能力。

实训过程：

（1）将学生分为若干小组，每小组人数由任课教师确定。

（2）各小组利用网络、书籍查找相关资料，制作PPT。

（3）每小组选派一名代表在全班交流、分享本组的研究成果。

（4）任课教师对各小组的研究成果进行评价，各小组对其他小组的研究成果进行点评。

项目五　不同阶段的旅游服务心理

任务三　了解餐饮服务心理

任务目标

1. 了解旅游者对餐饮服务心理需求的主要内容。
2. 掌握应对旅游者餐饮服务心理需求的服务策略。

任务描述

某天吃晚饭的时候，餐厅服务人员小余正在为旅行团的客人服务，由于餐厅客人太多，在上菜时不小心把菜汤溅到一位客人搭在椅背的衣服上，而此时那位客人毫无察觉。小余心里很矛盾是否告诉客人。最后，小余还是说服了自己，主动向客人道歉："对不起，我不小心把菜汁溅到了您的衣服上，请原谅，我立刻帮您清洗。"客人很诧异地拿起衣服查看。小余仍在道歉，其他客人都在盯着她，小余的脸涨得通红。过了一会儿，客人抬头对小余说："你很诚实，如果你不告诉我，我也不知道，你为什么主动告诉我？"小余的脸红得更厉害了，她暗自羞愧，定定神说："对不起，发生这件事影响了您的就餐情绪。我店是五星级酒店，服务人员更应注意职业道德，而我认为诚实是职业道德的第一表现。"客人被她的话感动了："没关系，回家洗洗就可以了。每个人都难免会犯错误，敢于承认并改正就好。"

思考：

小余为什么要主动承认错误？

相关知识

古人云："民以食为天。"无论在任何时候、任何环境下，吃饭都是人们的首要需求。如何能够准确地发现旅游者对餐饮服务的心理需求并及时提供有效的服务，使旅游者满意，给企业创造更大的经济效益和社会效益，是我们接下来要探讨的问题。

一、旅游者对餐饮服务的心理需求

（一）求清洁卫生的心理

俗话说"病从口入"，旅游者对就餐环境及饭菜的卫生要求很严格。新鲜、卫生的食品是防止病从口入的重要环节。只有当旅游者处在清洁卫生的就餐环境中，才能产生安全感和舒适感。

（二）求饭菜可口的心理

旅游者就餐时希望餐厅能够提供符合个人口味的食物。老年旅游者希望吃上不太硬、易消化的可口食物；中青年旅游者希望吃上香脆的食物；外国旅游者则希望吃上符合自己习惯、适合自己口味的食物。总之，旅游者希望餐厅供应的饭菜品种齐全，可供他们选择。

（三）求快捷的心理

旅游者希望到餐厅就餐时，餐厅的服务是快速高效的，很快吃到自己所点的饭菜，在就餐中得到服务员快速、优质的服务。如果是急着赶火车、飞机的旅游者，则希望餐厅能给予优先照顾，能迅速地结账。

（四）求知识的心理

旅游者希望自己在品尝异地的风味食品的同时，还能了解食品方面的知识。他们希望了解当地菜肴的名称、来历、特色、对身体的益处等知识，以满足他们追新猎奇的心理需要。例如，到云南旅游的旅游者总希望在品尝云南的风味菜时，还可以通过这些菜了解云南各少数民族的风情。

（五）求尊重的心理

旅游者希望自己受欢迎、受尊重，希望服务人员热情接待，不希望受人冷落、嘲笑。

客人光顾餐厅希望受到应有的礼遇。当客人进入餐厅时，服务人员应主动上前问好，并热情引导客人坐到合适的位置。如果用餐客人多，一时找不到座位，不要说"没有座位了"，也切忌带着客人满餐厅转着寻找座位。旅游者进入餐厅并已找好座位等待服务，而服务人员此时正忙着接待其他客人，那么在经过他们桌旁时应送上一句"请稍等，我马上就来"，或抱以歉意的微笑，意在言明"我已经注意到了，即刻就来"，不让旅游者觉得被冷落和怠慢。在开餐服务过程中，服务人员礼貌、规范的服务，管理人员及时的问候以及送客时恰到好处的送别语等，都会令客人感受到热情、亲切与尊重。

项目五 不同阶段的旅游服务心理

> **案例阅读**
>
> **您能帮我核对一下吗**
>
> 一天，北京某酒店的一位常客就餐后跟随服务员到收银台结账，当他看到账单上的总金额时，马上火冒三丈："你们真是乱收费，我们只点了不到十道菜，哪会有这么高的消费？"餐厅收银员面带微笑地回答说："对不起，我可以再帮您核对一下原始单据吗？"宾客立马将账单交给了收银员。收银员一边检查账单，一边对宾客说："真是对不起，麻烦您帮我一起核对一下账单，好吗？"宾客点头认可，于是和收银员一起就账单上的项目一一核对。其间，那位收银员顺势对宾客点的其他价格稍贵的几道菜和饮用的名酒做了口头提醒，以唤起宾客的回忆。
>
> 等账目全部核对完毕，收银员很有礼貌地说："谢谢您帮助我核对了账单，耽误了您的时间！"此时，宾客知道自己错了，连声说："小姐，麻烦你了，真不好意思！"

二、应对餐饮服务心理需求的服务策略

（一）卫生要整洁

餐厅不一定都是豪华高贵的，但必须是清洁卫生的。要做到"三光"（玻璃窗、玻璃台面、器具光亮），"四洁"（桌子、椅子、四壁、陈设清洁）。餐厅要有严格的卫生制度，台布要及时换洗，碗碟杯盘要严格消毒，员工衣着要整洁。

（二）环境要怡人

餐厅空气要清新，温度要宜人。香味能使人愉悦，餐厅里有轻微的香味能增强人的食欲；油腻味、汗酸气味等会降低人的食欲。餐厅要保持清新的空气，采取香氛措施，如种植花卉植物。

餐厅温度要宜人，一般保持在22~26℃，气温过高或过低都会抑制人的食欲。

（三）人员气质佳

（1）仪表风度好。餐厅的服务人员应该举止优雅，仪表整洁，落落大方，向来餐厅用餐的旅游者展现出良好的素质与形象。

（2）热情、耐心、细致、周到。服务人员要有热情耐心的服务态度和细致周到的工作作风，要善于判断旅游者的需要，并想方设法满足旅游者的合理需要。

（3）技能娴熟。餐饮服务操作是技术性很强的一项工作，每个环节都要求服务人员有适当的方式和熟练的技能。熟练的服务技能将有助于提高服务效率和服务质量。

（4）推销产品。服务人员也是推销员，要树立"全员营销"的观念。当然，推销过程中

应避免两种倾向：一是推销不力；二是推销过头，使旅游者处于尴尬境地。

（四）提供特色佳肴

1. 满足旅游者口味的要求

餐厅要提供富有当地特色的菜肴。服务人员要了解一些主要客源地旅游者的生活习惯，饮食爱好与特点；点菜的时候，可以根据不同的地域向旅游者推荐不同的菜肴。在旅游者就餐时，服务人员可以将菜品的做法、典故介绍给旅游者，增加旅游者就餐的乐趣。

2. 满足旅游者的审美要求

餐饮产品应该从色、香、味、形、名、器皿各个方面，给人以视觉、嗅觉、味觉及听觉上愉悦的享受。同时，菜肴应有寓意深厚的名字，不仅可以体现菜肴的原料、制作方法，还可以体现当地的文化特色以及菜品包含的美好期望与愿景。

3. 满足宾客的饮食要求

随着人们健康意识的不断提高，旅游者在用餐时，除了要求菜品色香味俱全，更注重菜肴的营养与搭配。因此，餐厅应该尽量多提供无公害的绿色食品，采用合理的烹调方法，保留菜品足够的营养成分；使用科学的搭配方法，提高菜品的营养价值，使餐饮产品同时具有养生的功效。

（五）尊重旅游者

1. 在引领和安排座位时满足旅游者的自尊心

旅游者一踏进餐厅，服务人员就要热情地引领他们到适合的位置上。无目的地带着旅游者乱转，会让旅游者感觉到自己被"怠慢"，对餐厅留下不好的印象。

2. 接待过程用语礼貌、大方得体

旅游者进入餐厅时服务人员应主动问好。如果旅游者到来后一时找不到座位，应当让他稍等片刻，说："先生，我们马上给您准备好桌子。"这样做，旅游者会觉得自己是很受重视的。

3. 在操作时应尊重旅游者

服务人员送食物上桌时，一定要做到轻放，尽量不发出响声，如果"砰"的一声放在桌子上，会引起旅游者的反感。在宴席分菜、倒水时，应该先旅游者后主人，先老人后青年，先女后男，先小孩后大人。上菜时不要弄脏旅游者的衣物。要注意尊重旅游者的生活习俗。

项目五 不同阶段的旅游服务心理

知识考查

1. 旅游者对餐厅服务的心理需求包括：_____
_____。

2. 餐厅必须清洁卫生，要做到_____
_____。

3. 餐厅温度要宜人，一般保持在_____，气温过高或过低都会抑制人的食欲。

4. 在宴席分菜、倒水时，应该_____
_____。

5. 简述应对旅游者餐饮服务心理需求的策略。
_____
_____
_____
_____

任务实训

全能餐饮服务

餐厅服务人员直接接触旅游者，为旅游者提供面对面的服务，他们的一举一动、一言一行都会在旅游者心目中留下印象。餐厅服务人员要时刻为旅游者着想，要能猜透旅游者的心思，服务于旅游者开口之前。

实训内容：

以"全能餐饮服务"为主题，教师设置不同性格、风格的旅游者并写在纸条上，由学生随机抽取，然后进行情境表演，展示如何针对旅游者的需要提供有针对性的餐饮服务。

实训目的：

通过实训，帮助学生进一步了解心理学的基本原理和研究方法，掌握旅游者的餐饮服务心理需求及对应的服务策略，培养学生自我学习、提升的能力，锻炼学生的语言组织、表达能力。

实训过程：

（1）将学生分为若干小组，每小组人数由任课教师确定。

（2）任课教师对各小组的研究成果进行评价，各小组对其他小组的研究成果进行点评。

任务四　了解游览服务心理

任务目标

1. 了解旅游者在不同阶段心理需求的主要内容。
2. 掌握应对旅游者不同阶段游览服务心理需求的服务策略。

任务描述

从武汉长江大桥回来的路上遇到了交通堵塞,为了给困乏的游客增加乐趣,陈静说:"前面的司机和交警可能在开会研究交通问题,时间很长,因此我给大家讲个故事解闷,希望大家热烈鼓掌,这样即使是故事不好听,掌声也能把瞌睡的人叫醒。"她的话音刚落,大家又笑了起来,车厢里沉闷的气氛瞬间被活跃起来。

思考:

导游人员应该具备怎样的基本素质?

相关知识

旅游者离开自己熟悉的生活环境,前往异地进行旅游活动,所有人都希望拥有一段安全、轻松、舒适而美好的旅程。然而,旅游者一旦离开自己曾经熟悉的环境,无论是心理还是生理都会发生变化。因此,旅游服务人员非常有必要掌握旅游者在整个旅游活动中各个环节的心理特点,这样才能正确了解需求,为他们提供满意的服务,帮助他们实现美好旅行的愿望。

一、旅游者在不同时期的心理需求

(一)旅游者在旅游初期的心理需求

1. 求安全的心理需求表现强烈

旅游者初来异地时表现得很兴奋和好奇,但随之而来的就是初来乍到的陌生感、对环境的不熟悉、对风俗习惯的不熟悉等，暂时不知如何适应新的环境，如何与旅行团其他旅游者和导游相处，甚至会产生恐惧的心理。因此，非常迫切地希望在未来一段时间的旅行生活中人身及财产安全不要出现任何的意外情况，这样才能更好地享受旅游带来的美好体验。

2. 对服务态度充满期待

旅游者离开自己日常生活、工作的地方，去一个陌生的环境开始一段短暂的旅行生活。他们希望为自己提供服务的导游人员是热情、开朗、体贴的，能够在尽量短的时间帮助自己尽快消除陌生感，融入一个全新的环境中去，开始自己的美好旅途。

（二）旅游者在旅游中期的心理特点

这一时期的旅游者由于与其他旅游者、导游人员渐渐熟悉，无论从心理还是生理上，已经接受或习惯了现在的生活状态。但也正是因为这种陌生感的消退，有些旅游者开始比较懒散，不满意或不遵守旅游行程的安排。具体表现在以下几个方面：

1. 希望旅行生活轻松、舒适

旅游者希望在旅游的过程中得到身心的放松，收获精神的愉悦。因此，为旅游者创造轻松、舒适的氛围与环境，是导游人员在工作中要努力做到的。

2. 期待旅行生活拥有非凡的体验

从做出旅游计划到到达旅游目的地的这段时间，旅游者对旅行生活中的任何事物都充满了美好的期待与无限的遐想。他们希望通过旅行生活学习知识、增长见识，探索到自己从未见过或从未听过的新奇事物，期待在整个旅行生活中，时刻充满新鲜与刺激。

3. 希望服务细致，处理问题得当

旅游者在旅游的过程中都会有不同的心理需求，希望导游人员及旅游服务企业能够根据旅游者不同的心理需求，提供及时、优质的服务，满足各自不同的需求；在一些问题与矛盾出现时，可以妥善地加以处理，维护每一个旅游者的权益。

（三）旅游者在旅游后期的心理特点

在这个时期，虽然旅游者的游览观光活动已经结束，但是旅行生活还没有结束，也就意味着服务还没有结束。最后的送客工作尤为重要，如果做得不到位，会使之前所有的努力与服务功亏一篑。这一时期的旅游者会呈现出以下心理表现：

1. 对旅行生活恋恋不舍

旅游者即将结束此次旅行生活，回到自己生活和学习的地方，告别愉快的旅程。大多数

旅游者觉得美好的旅程就要结束，心里会有一些不舍与沮丧，还有与服务人员、关系相处得好的其他旅游者即将分别，心里会恋恋不舍，产生一种依恋之情。

2. 心情兴奋与紧张

在整个旅行生活中，旅游者不仅放松了心情，而且增长了知识、丰富了自己的生活与人生，同时又想到即将结束旅程，回去要见到分别已久的亲朋好友，和他们分享旅游生活的经历与体验，会感到兴奋。但是，由于旅游生活即将结束，又会出现紧张、慌乱的心情，认为时间过得太快，需要购买的特产、准备送给亲朋好友的纪念品还没有来得及购买；担心自己的行李太多，打包以及托运会出现问题等，内心迫切希望得到导游人员的帮助。

3. 希望返程顺利

旅游者经过愉快的旅行生活，在即将结束的时候，都希望导游人员能够准确、周到地为他们安排好返程的一切具体事宜，如集合时间的安排、行李的统一装车、交通工具的乘坐等，以确保他们顺利、平安地回到自己的家乡。

二、不同时期应采取的服务策略

（一）旅游初期的服务策略

"好的开始是成功的一半。"在旅行过程中，初期是导游人员及旅游服务企业树立良好形象的开始。导游和旅游服务企业应该为旅游者提供及时、主动、热情、周到的服务，为以后的接待工作打下坚实的基础。

1. 提前做好接待工作

导游人员在接到任务时，提前制定合理的接待方案，包括接站时间，住宿、餐饮的安排，乘坐交通旅游线路的安排，突发事件的处理及应急预案等，都要有具体、细致的说明。并且根据旅游者的身份、年龄、国籍等信息对不同旅游者的心理特点做出简单的了解与判断，对一些特殊情况提前做好安排工作。

2. 给旅游者留下良好的第一印象

导游人员给旅游者留下的第一印象，往往会影响旅游者对以后旅游生活中一些问题的看法与判断。美好的第一印象是导游人员与旅游者拉近距离、创造和谐关系的第一步，同时也为以后服务工作的顺利开展奠定良好的基础。因此，导游人员去机场、车站、码头迎接旅游者的时候，必须注意自己的形象、外表及服务态度。

项目五　不同阶段的旅游服务心理

3. 提供高质量的服务

要想提供高质量的服务，首先，旅行社要制订周密的招聘计划，严格按照计划进行导游人员的招聘与录用程序，同时从理论知识与技能知识两个方面进行系统的培训。其次，经过考核，将具备良好职业道德与服务意识、良好的沟通与处理问题的能力、能够正确认识导游服务工作的内涵、熟悉掌握服务工作具体程序与内容的导游人员，纳入为旅游者提供服务的团队中。最后，采用科学的质量控制方法与手段监督服务工作，发现问题及时解决，不断提高服务质量，保证旅游者能够享受到高质量的服务。

（二）旅游中期的服务策略

这一时期是整个服务工作的重要环节。导游人员只有了解旅游者中期的心理需求并为之提供有针对性的服务，才能保证每一位旅游者都能够享受到旅游生活给他们带去的美好感受。

1. 创造轻松、舒适的生活与游览氛围

导游人员要处理好自己与旅游者之间的关系，同时为与旅游者之间建立和谐的关系创造良好的环境与机会。在生活与游览过程中，导游人员要尽量合理安排一切活动。就餐提供的菜品要注重菜品丰富、口味适合；住宿要干净舒适，保证旅游者得到充分的休息；游览景点时间不能安排得太紧，要给旅游者留出足够的自由参观时间；不强迫购买物品；等等。合理的安排让旅游者既不感到疲惫、紧张，在心情放松的同时，还能达到旅游的目的。

2. 注重旅游者的感受与体验

合理安排旅游项目，激发旅游者的兴趣。在游览景点的过程中，不仅要尽量安排具有当地代表性、文化特色的景点供旅游者参观，还要多安排一些可以让旅游者共同参与的活动，让他们亲身感受不同文化与民俗。在介绍景点的时候，导游人员要通过富有感染力的语言、生动翔实的介绍，激发旅游者的游览兴趣，从而满足他们求知识、增长见识、猎取新鲜事物的心理需求。

3. 服务要有针对性、处理问题要得当

旅游者由于国家、地域、年龄等方面的差异，对服务的要求会截然不同。因此，在为旅游者提供服务的过程中，要主动关心旅游者，了解旅游者的需求并积极提供帮助，积极进行沟通，注重征询他们的意见或建议。对于一些挑剔、苛刻的旅游者，既要不卑不亢，又要有耐心。

（三）旅游后期的服务策略

俗话说："做事要有始有终。"虽然旅游者的旅行生活即将结束，但是还需要导游人员做

好送别工作，使旅游者感受到有始有终的服务，留下最后的良好印象。

1. 组织活动，帮助旅游者留住美好的记忆

美好的旅行生活即将结束，旅游者感觉意犹未尽，同时经过短暂的相处，旅游者之间、与导游人员之间已经产生了一定的感情。为了将愉快的经历更好地保存，导游人员要为旅游者创造交流与沟通的机会和平台，让旅游者之间相互沟通，交流旅游生活中的所见所闻与感受，重温旅游生活的美好时刻，并互留联系方式，方便日后联系。

2. 帮助旅游者消除紧张的情绪

在即将结束旅游生活的时候，导游人员要留出一定的时间，供旅游者购买当地特产或纪念品，还要主动提供一些具体的购物信息，如有名的特产、便宜又实惠的大型购物商场、合理的参考价格、乘坐交通工具及路线等。在即将启程的前夕，主动帮助旅游者打包行李，完成一些还未完成的具体事宜。以此，帮助旅游者放松心情，消除紧张的情绪。

3. 做好送客服务工作

导游人员要提前将具体返程的时间及要求告知旅游者，让他们做好返程的准备工作。再次确定送站车辆是否能够准时到达，交通工具是否能够准时运行，旅游者是否已经将所有事情办完等。导游人员以热情的服务，将旅游者送到车站、码头，帮助办理手续，托运行李，表示不舍之情并友好道别。

旅游者的心情会随着时间、地点的转移及事态的发展发生相应的变化，对服务的需求也会呈现出阶段性的需求，掌握旅游者阶段性的心理需求，可以为以后的服务工作奠定良好的基础。

知识考查

1. 旅游者在旅游初期的心理需求包括：_____。
2. 旅游者在旅游中期的心理特点包括：_____。
3. 旅游者在旅游后期的心理特点包括：_____。
4. 作为旅游服务人员，我们在旅游的不同时期应采取的服务策略有哪些？

项目五　不同阶段的旅游服务心理

任务实训

我是一个导游员

旅游者前往异地进行旅游活动，都希望拥有一段安全、轻松、舒适而美好的旅程。旅游服务人员必须掌握旅游者在整个旅游活动中各个环节的心理特点，帮助他们实现美好旅行的愿望。

实训内容：

以"我是一个导游员"为主题，学生根据自己选择的旅游者，拟订导游计划，重点展示不同阶段的服务策略。

实训目的：

通过实训，帮助学生进一步了解心理学的基本原理，掌握旅游者在不同阶段的心理需求及对应的服务策略，培养学生自我学习、提升的能力，锻炼学生的语言组织、表达能力。

实训过程：

（1）将学生分为若干小组，每个组人数由任课教师确定。

（2）各小组利用网络、书籍查找相关资料，制作PPT。

（3）每个组选派一名代表在全班交流、分享本组的研究成果。

（4）任课教师对各小组的研究成果进行评价，各小组对其他小组的研究成果进行点评。

任务五　了解购物服务心理

任务目标

1. 了解旅游者购物服务心理需求的主要内容。
2. 掌握应对旅游者购物服务心理需求的服务策略。

任务描述

旅游团逛完武汉某商场后乘车返回饭店。途中，旅游团成员刘先生对陈静说："我刚才看中一套字画，但没拿定主意。跟我爱人商量后，现在决定购买。你能让司机送我们回去吗？"陈静没有立刻应允，而是和旅游团的其他成员商量。由于大多数游客不愿意返回商场，陈静安抚刘先生，说明回到酒店后再陪同刘先生和其爱人回商场选购字画。

思考：

陈静的做法是否正确？为什么？

相关知识

购物作为旅游活动的组成部分，影响着潜在的旅游者。制作精美，具有民族特色和地方特色，且质量优良的旅游商品有利于提升旅游地的特色，增强旅游活动的吸引力，激发潜在旅游者的旅游动机。

一、旅游者的购物心理需求分析

由于旅游活动的特殊性，旅游者在购物过程中的心理活动与一般的消费活动相比，既有共性，也有其特殊性。

（一）求纪念价值的心理

旅游者在旅游活动中购买旅游商品，大多数是因为商品的纪念意义。旅游者对异地具有民族特色、地方特色、审美价值和纪念价值的旅游商品兴趣浓厚，并将它们作为礼物带回家送给亲友或留作纪念，以加深对旅游经历的感受。例如，外国旅游者喜欢在中国购买丝绸、工艺美术品、字画等。

（二）求新奇的心理

在旅游购物中，好奇心起着一定的消费导向作用。一些时尚、新颖或独特的商品能满足好奇心强的旅游者追新猎奇和追求个性的心理，他们往往不重视商品的实用性和价格，更多地关注商品的造型、色彩、式样、外观等。他们对广告宣传和社会潮流很敏感，易受情绪的支配。

（三）求名的心理

求名的心理是指购买者借购物显示和提高自己的身份、地位为主要目的的购买动机。此类型的人以具有一定的政治地位和社会地位的政界和社会名流为多见，他们选购时不太重视消费支出的实际效用，而格外重视由此表现出的社会象征意义。

（四）求实用的心理

具有求实用的心理的旅游者注重商品的使用价值和质量，价格上要经济实惠。他们在购物时仔细慎重、精打细算，不易受外形、包装、商标和广告宣传的影响。有些海外旅游者喜欢购买中国的茶叶、土特产、中药材等。物美价廉、经济实用是这些商品能够畅销的主要原因。

项目五　不同阶段的旅游服务心理

（五）求馈赠的心理

人们外出旅游购买的旅游商品，除了自己留作纪念，还通过馈赠亲朋好友、邻里同事等方式联络感情，加深友谊。旅游者常会为自己周围的一些人带上精美的礼品，以表心意。

（六）求知识的心理

求知识的心理特点是通过购物获得某种知识，特别是售货员或导游员介绍的有关商品的特色、制作过程、所用原料或历史年代、有关的逸闻趣事，以及鉴别有关商品优劣的知识等。这类旅游者对现场画画、雕刻、手工艺品及有关的资料说明特别感兴趣。

以上这些常见的购物心理是相互交织在一起的，旅游者在购买的过程中往往希望旅游商品能带给他们更多方面的满足。

> **案例阅读**
>
> **2019年中国旅游者全球购物目的地排行榜**
>
> 2020年1月7日，银联国际、携程对2019年以来中国游客境外用卡消费、领券购物的大数据分析，发布了《2019中国人出境旅游消费报告》与购物目的地人气排行榜，评选出了最受中国游客欢迎的全球十大消费国家、最佳购物城市、购物场所。
>
> 1. 哪种方式最省钱
>
> 报告显示，随着中国生活水平的提高和消费方式的升级，中国旅游者的出境消费购物在向"高品质服务＋高性价比"升级。"在线旅游平台＋银行卡"的"旅游＋金融"服务，成为出境购物消费高性价比的方式。
>
> 中国境外受理银联卡的商户总数已突破2 850万家，随着境内9家商业银行率先推出境外消费"笔笔立返"的银联跨境返现卡，海量的持卡人可以获得返现，可与其他优惠活动叠加享受。
>
> 业内专家认为，银行卡刷卡与在线旅游平台优惠返现的"旅游＋金融"服务，便利和优惠力度要比移动支付平台更大，服务了中国绝大部分中高端消费者，已经成为提升出境旅游体验的重要推动力。
>
> 2. 哪些国家是中国人出境消费最大的赢家
>
> 中国游客十大热门消费国家依次是：日本、韩国、泰国、法国、新加坡、意大利、澳大利亚、瑞士、美国、英国。日本、韩国、泰国是消费活跃度最高的三大近程市场。在远程市场中，法国、意大利、澳大利亚、美国消费热度最高。
>
> 日本国家旅游局的统计显示，2019年上半年，访日游客最大的来源地是中国大陆，达到453.25万人次，在日本的消费额达8 950亿日元（约合人民币566亿元），人均消费在12 488元左右。按照这一趋势，2019年全年赴日中国大陆游客估计超过900万人次，消费额估计达1 000亿元。

阿联酋排名飙升到第二，成为中国游客青睐的新兴购物目的地。得益于迪拜对中国公民实施的免费落地签政策，中国游客人数和消费总额快速增长。

欧洲也是中国旅游者购物消费的重点地区，英国、法国、西班牙、意大利进入前十，数量位居各地区第一。

二、旅游购物服务策略

在实际工作中，服务人员应当根据旅游者的心理，灵活地做好服务接待工作。在工作中要注意以下几个方面的问题：

（一）善于观察客人

1."一看眼睛二看脚"

通过观察旅游者特定的言语、表情、动作、打扮、年龄、性别等了解旅游者的消费心理。观察人，一般应该是"一看眼睛二看手"，而观察商场的顾客应该是"一看眼睛二看脚"。旅游者眼睛东张西望，目光游移，不专注于某个商品，脚步不久停于某个柜台或商品，表明旅游者以游览为目的，无明显的购物动机。这时营业员不必主动招呼旅游者，否则会使旅游者尴尬、窘迫，但可微笑地点头示意，表示热情欢迎。比如，旅游者目光专注，脚步停驻，注意力集中于某一商品，则是有意购买的表现，服务人员可亲切招呼，热情接待。观察时，注意力要高度集中，不仅要用"五官"来观察，而且要用"脑子"来思索。

2."接一顾二联系三"

接待多方来客时，应有先有后、依次接待。注意力要合理分配，注意范围要广，服务人员在接待第一位旅游者时要兼顾周围其他的旅游者，千万不要冷落他们。

（二）善于接触客人

1. 主动招呼

服务人员要对旅游者微笑相迎，主动招呼。上岗时要精神饱满，站立服务，绝不能身靠在墙边柱旁，不能漫不经心、左顾右盼，或与同事闲聊，更不能干私事。在旅游者走进商店尚未接近柜台与商品时，要用眼睛的余光注视着周围旅游者的举动，等待时机去接触旅游者，努力给旅游者良好的第一印象。

2. 掌握时机

接触旅游者的时间太早、太晚都不好。旅游者"环视观察"商品时，员工过早地搭话，会引起旅游者的戒备心理，产生不安情绪而快快离去。旅游者想"比较、研究"商品，急需服务人员给予帮助时，服务人员不理不睬，旅游者就会感到被冷落、被轻视，产生不快。最好在购物心理过程中的"兴趣联想"阶段接触为宜。当旅游者长时间地凝视某一商品时，当旅游者用手触摸商品时，当旅游者到处张望似是寻找什么商品时，当旅游者与营业员视线相碰时，这是接触旅游者最好的时机。遇到这种时机，营业员要面露微笑，一边礼貌地说"我能为您做些什么"，一边走近旅游者为其服务。

（三）善于展示商品

1. 态度

介绍商品要诚信，既不夸大其词、隐瞒缺点，也不以次充好、以劣抵优。不言而无信、欺骗顾客，不对旅游者进行诱购、误导，强买强卖。

2. 要求

（1）做成使用状态给旅游者看，通过旅游者的直观感知促进旅游者联想。

（2）尽量让旅游者用手来触摸商品，用手触摸能产生强烈的刺激。

（3）充分展示商品特性。在展示中，要突出商品的重要部位、优点与特点，将商品的正面或贴商标的一面朝向旅游者，既能让旅游者看清商品的概貌与特点，也是对旅游者的尊重。展示商品时要用双手送到旅游者手中或面前，而不能抛或扔。

（4）多种类展开，任其挑选。当旅游者要求多拿几种商品或相同的商品多拿几个任其挑选时，要予以满足，要做到百拿不厌、百问不烦。

（5）根据旅游者的购买能力推荐商品。推荐时要从低中档向高档推荐，这样能满足旅游者的自尊心；相反，从高档向中低档推荐，需要低档商品的旅游者则可能会多次重复"还有更便宜的吗？"这样的话，会损伤旅游者的自尊心。

3. 语言艺术

"引得顾客多开口，何愁货物不出手"。服务人员热情积极、生动详细的介绍，可以激发旅游者的购买欲望。介绍商品时，语态热情、语音悦耳、语速适宜。少用第一人称语气说话，而要用第三人称身份介绍，这样旅游者更容易接受，如"不少客人都喜欢这种商品""特别受年轻姑娘的青睐"等。介绍商品时，除应讲清商品的一般特点外，还要根据旅游者的年龄、性别、职业、个性、经济、文化等条件和购买需求，采取不同的说话方式和相应的敬语来介绍。服务语言要详略得当，对认真挑选的旅游者，可详细介绍；对随便看看的旅游者，可简明扼要进行说明；对初次购买的外行，可介绍其功能、用法、价格等一般特点；对行家里手，可着重强调商品的与众不同。旅游者买好商品后要告诉他旅途中该如何妥善保管，那样会提升旅游者的满意度。

（四）熟练的服务技能

娴熟的服务技能，能减少旅游者的等候时间，提高工作效率；能使旅游者增强信任感与安全感；同时也是对商店声誉的一种无声宣传，使旅游者对商店产生良好的评价。服务人员的操作技能包括掌握商品的知识、展示商品的技巧、商品包装的技能、语言交谈的技巧等。做到"一懂"：懂得商品流通各个环节的业务工作；"三会"：对自己所经营的商品要会使用、会调试、会组装；"八知道"：知道商品的产地、价格、质量、性能、特点、用途、使用方法和保管措施。服务人员要掌握"一看准、一抓住、一说准"等过硬的本领，而这些过硬的服务技能要靠不断培训、悉心学习与反复练习才能形成。

（五）周到的售后服务

为旅游者做好预约登记，按照约定时间、地点进行专人送货或者上门维修等服务，在接待旅游者投诉时，要做到耐心诚恳，及时做好记录，迅速调查核实。在接待旅游者退货时，要热情、不推诿，更不能讽刺、挖苦旅游者。

知识考查

1. 简述旅游者的购物心理需求。

2. 作为旅游服务人员，我们应当如何根据旅游者的心理做好购物服务工作？

任务实训

旅游购物小帮手

旅游者走进商场，一般有什么心理需要呢？他们在购买物品时心理活动有什么变化呢？他们的购买行为可以分为多少种呢？这里面有很多问题需要我们去研究、探讨。

实训内容：

以"旅游购物小帮手"为主题，教师设置不同性格、风格的旅游者并写在纸条上，由学

项目五 不同阶段的旅游服务心理

生随机抽取,然后进行情境表演,展示如何针对游客的需要提供有针对性的购物服务。

实训目的:

通过实训,帮助学生进一步了解心理学的基本原理,掌握旅游者的购物服务心理需求及对应的服务策略,培养学生自我学习、提升的能力,锻炼学生的语言组织、表达能力。

实训过程:

(1)将学生分为若干小组,每小组人数由任课教师确定。

(2)任课教师对各小组的研究成果进行评价,各小组对其他小组的研究成果进行点评。

项目总结

旅游交通是由客源地到旅游目的地的往返,以及在旅游目的地内的空间转移过程。旅游交通硬件由两个部分组成,即旅游交通设施(如公路、铁路、水道等)和旅游交通工具。旅游者对交通服务的心理需要包括安全、快捷、准时、舒适。

旅游者进入酒店消费就是希望能受到热情的接待,希望能得到各方面优质的服务,希望物有所值甚至物超所值,希望酒店提供方便、安全、卫生、安静的环境氛围。

旅游者对餐厅服务的心理需求包括清洁卫生、饭菜可口、快捷、知识、尊重等。

旅游者都希望拥有一段安全、轻松、舒适而美好的旅程。旅游服务人员有必要掌握旅游者在整个旅游活动中的心理特点,正确了解他们的需求,为他们提供满意的服务,帮助他们实现拥有一场美好旅行的愿望。

通过本项目的学习与实训,写下你的收获。

自我小结:

_____
_____
_____
_____
_____

教师评价:

_____
_____
_____
_____
_____

项目六

沟通与投诉处理

项目导入

人是社会动物,每个拥有独特的思想、背景、态度、个性、行为模式及价值观的个体都要参与人际交往。人际交往对每个人的情绪、生活、工作都有很大的影响,对团队气氛、沟通、运作、效率及个人与团队的关系也有重要影响。在旅游服务中,人际交往的重要性在于它是旅游的润滑剂。

在旅游服务过程中出现偏差是不可避免的,如果这种偏差损害了旅游者的利益,使他们没有得到预期的满足,对提供旅游服务的人员而言,这就是工作的失误。这种情况的出现会引发旅游者的不满情绪。旅游者只有通过合理的投诉渠道,才能使矛盾得到有效的疏通。

项目情境

因陈静在带团期间始终坚持游客至上的原则,真诚地为游客服务,并且在旅游团队服务质量跟踪调查表的评定中也均为优秀,在实习期即将结束的时候,星辰旅行社决定授予她"优秀实习导游员"的称号。能获得这个荣誉,陈静觉得与自己掌握的人际交往的技巧是分不开的。

项目导航

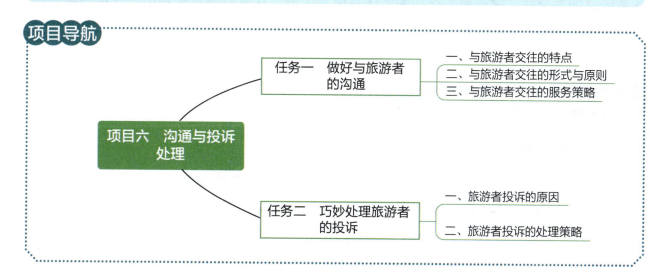

项目六　沟通与投诉处理

任务一　做好与旅游者的沟通

任务目标

1. 了解与旅游者交往的特点。
2. 理解与旅游者交往的形式与原则。
3. 掌握与旅游者交往过程中的服务策略。

任务描述

回想这段时间的带团经历，陈静感慨万千，她这时才真正理解当年老师的那句话："导游带团是一项工作，同时也是一门艺术。"每天都在和不同的旅游团成员、不同的司机以及不同的旅行社、不同的景区打交道，从落实景点、团队用餐，再到购物住宿，虽不复杂，但都要妥善处理，而最让她头疼的，就是带团过程中人与人之间的沟通交往问题。

思考：
应该如何解决旅游服务过程中人际交往的难题？

相关知识

旅游服务中的人际交往，主要包括全体工作人员（尤其是基层接待人员和服务人员）与旅游者之间的交往。旅游服务交往的主体是服务人员，在旅游服务过程中，交往结果如何，主要取决于服务交往的主体。

一、与旅游者交往的特点

（一）短暂性

旅游交通与市场经济的迅猛发展，使注重高效益的旅游者穿梭往返于各地，形成了旅游服务交往频率高、时间短的活跃局面，短暂性的特点越发突出。游客在一个目的地逗留的时间不会很长，一般1~3天，而其中大部分时间在市区或景点观光游览或办理事务，在酒店逗留的时间也少，因而酒店内客我之间相互熟悉了解的机会也随之减少。

（二）公务性

在一般情况下，服务人员与旅游者的接触只限于他们需要服务的时间和地点，否则就是一种打扰旅游者的行为。客我之间的接触只限于公务而不涉及个人关系，更不可能了解对方的历史、家境和性格。客我之间公务以外的往来，一般来说是不可取的。

案例阅读

当客人突然袭来之际

某日18时许，某市国际饭店的大堂内灯光辉煌，宾客如云。总服务台的接待员小马正忙着为团队客人办理入住手续。这时，两位客人走到柜台前对小马说："我们要一间双人客房。"小马说："请您稍等一下，我为这个团队办好手续，马上就替你们找空房。"其中一位姓张的客人说："今晚七点半我们约好朋友在外面吃饭，希望你先替我们办一下。"小马为了尽可能照顾这两位客人，于是一边继续为团队办手续，一边用电脑查找空房。经过核查，所余空房的房金都是每间218元。客人大发脾气："今天早上我曾打电话给你们饭店问询房价，回答说双人标准间是每间186元，为什么忽然调成218元了呢？真是漫天要价！"小马刚要回话，这位姓张的客人突然挥掌向小马打去，小马没有防备，结果吃了一记耳光，他趔趄了一下，面孔变得煞白。他想到自己决不能意气用事，于是尽量克制，使自己镇定下来。接着用正常的语气向客人解释："186元的房间已经住满了，218元的还有几间空着，由于楼层不同，价位也就不一样，我建议你们住下，尽快把入住手续办好，也好及时外出赴宴。"另一位客人劝张先生说："这位接待员还算有耐心，既然如此劝说，我们就答应住下吧。"张先生见势也就软了下来。

小马立刻招手要行李员把客人的行李送到房间。其他客人从小马紧握着的那只微微颤抖的手上，可以看出他正在极力压抑着内心的委屈，纷纷对那位先生的粗鲁行为表示不满，那位张先生一声不响地和李先生办好手续便匆匆去客房了。

张先生事后深感自己的不是，终于在离店时到总台向小马表示歉意，对自己的冒失行为深感悔愧。

二、与旅游者交往的形式与原则

（一）交往心理

旅游服务人员在与旅游者的交往中，可以表现出家长型、幼儿型、成人型三类心理状态。这些心理状态与年龄没有关系，可以在一个人日常与别人交往的行为中表现出来。

1. 家长型

家长型以权威为特征，通常表现为两种行为模式。

(1)命令式,表现为统治、责骂和其他专制作风的行为。例如,一位旅游者由于堵车没能及时赶到下一个景点,怒气冲冲地对导游说:"你们必须给我一个满意的解释,否则我去旅游局投诉你们!"

(2)慈爱式,表现为关怀和怜悯的行为。例如,有位年轻的女客人不小心丢失了钱包,服务人员表示关怀并安慰她说:"女士,请不要着急,我们会想办法帮助你的……"

2. 幼儿型

幼儿型以情感为特征,处于这种心理状态的人像幼儿一样服从和容易冲动、任性,行为受感情的支配,表现为两种行为模式。

(1)服从式,表现为顺从某种意愿的行为。例如,一个旅游者对服务人员叫道:"给我拿一瓶啤酒来!"服务人员应道:"好!"马上去取,这时服务人员的行为就是服从式行为。

(2)自然式,指人们处于喜、怒、哀、乐等自然情感的状态。

3. 成人型

成人型以思考为特征,表现为像计算机处理数据一样,依据过去存储的经验估计各种可能性,然后做出决策。处于成人型心理状态的人对每件事都经过思考才去做,表现出有理智的行为。他们做每件事之前,都要考虑以下六个问题,即"5W1H":Why(做事的目的)、What(主要内容)、When(什么时间去做)、Where(在什么地方做)、How(选取什么方法)、Who(谁去完成)。成人型表现为以下七种行为模式。

(1)询问式:表现为了解、探明某方面的情况或问题的行为。例如,旅游者向服务人员询问:"能不能送一份早餐到我的房间?"

(2)回答式:对询问的答复。

(3)提议式:对某事提出建议,如旅游者 A 对 B 提议说:"明天我们去白云山好不好?"

(4)赞同式:对提议表示赞成,如上例旅游者 B 回答:"好哇!"

(5)反对式:对某事表示否定,如前例旅游者 B 如果不想去白云山游玩,可能会说:"我不想去!"他的行为属于反对式。

(6)道歉式:日常人们使用"谢谢""对不起""请"等礼貌语言时的行为属于道歉式。

(7)总结式。旅游者点菜后,服务人员归纳说:"张先生要一瓶可乐、一份水果沙拉……"此时服务人员的行为属于总结式。

(二)交往形式

在工作中,旅游服务人员与旅游者的交往行为可以表现为不同的形式,归纳起来,主要有平行交往与交叉交往两种。

1. 平行交往

平行交往的特点：符合对方的心理企求，即当甲方发出信息后，乙方的反应符合甲方的期待。

交往双方如果情绪愉快，关系融洽，继续交往就比较容易。这种平行交往主要有以下三种形式。

（1）成人型对成人型的交往。这是一种常用的交往方式，如一位旅游者对服务人员说："小姐，请帮我开个房。"服务人员答："好！请先生填个表。"此时，旅游者的行为是成人型的提议式和道歉式，服务人员的行为是成人型的赞同式和道歉式。服务人员的反应符合旅游者的心理企求，他们的交往属平行交往。

（2）家长型对幼儿型的交往。例如，一位旅游者对服务人员叫道："拿瓶白酒来！"服务人员答道："好！"此时旅游者的行为是家长型的命令式，服务人员的行为是幼儿型的服从式，交往是平行的。

（3）幼儿型对家长型的交往。例如，一位旅游者突然发现她心爱的结婚戒指不见了，她叫道："哎哟，我的戒指不见啦！"服务人员安慰道："女士，请不要着急，我帮你找一下吧！"此时旅游者的行为是幼儿型的自然式，表现出忧虑、焦急的情绪，服务人员的行为是家长型的慈爱式，这种反应符合对方的心理企求，交往是平行的。

2. 交叉交往

交叉交往的特点：不符合对方的心理企求，即甲方发出信息后，乙方的反应与甲方的期待不相符。交往双方如果情绪不愉快，关系会出现紧张或交往中断。这是在与客人的交往中应当避免的。

交叉交往具有以下表现形式：

（1）成人型与家长型交叉。例如，一位旅游者说："请给我倒一壶茶来。"服务人员气冲冲地大声说："你自己去！"此时，旅游者的行为是成人型的道歉式和提议式，服务人员的行为是家长型的命令式，服务人员的行为出乎旅游者的预料，不符合其心理企求，形成交叉交往。

（2）家长型与家长型交叉。旅游者在餐厅对服务人员叫道："拿瓶啤酒来！"服务人员不耐烦地答道："你自己去！"此时旅游者与服务人员的行为同是家长型的命令式，使交往形成交叉，服务人员与可能会发生冲突。

（3）成人型与幼儿型交叉。例如，旅游者到商场选购金饰，他对售货员说："请递那条金链给我看看。"售货员以嘲笑的口吻说："你有没有钱买这么贵的东西呀？"此时旅游者的行为是成人型的道歉式和提议式，但售货员的行为却是幼儿型的自然式，从而形成交叉交往，引起旅游者的反感。

（4）幼儿型与幼儿型交叉。例如，一位旅游者焦急而沮丧地对服务人员说："小姐，有没有见到我的钱包呀？我的钱包不见了……"服务人员由于曾与该旅游者发生口角而幸灾乐祸地说："活该！"此时旅游者与服务人员的行为同属于幼儿型的自然式，交往形成交叉。

（三）交往原则

1. 保持平行交往

保持平行交往是人际交往的重要原则。要使旅游者有"宾至如归"的感受，就应注重"宾客至上"，使旅游者感受到热情有礼，心情愉快，留下美好的回忆。如果旅游者在旅游期间与服务人员的交往多数是交叉性的，就会使旅游者产生不满，导致交往关系紧张、恶化，从而影响企业以至我国旅游业的声誉。在日常工作中，服务人员应通过听其言谈、观其行为举止，准确地判断旅游者的心理状态以及心理企求，努力把自己的情感、语言和行为举止控制在适当的范围，保持与旅游者愉快的平行交往。

2. 注意引导对方采取成人型交往

在家长型、成人型、幼儿型三类心理状态中，旅游者如果处在家长型的心理状态，采取命令式的行为，常常使服务人员难以接受，感到被损伤了自尊心，令人生厌。旅游者如果处于幼儿型的心理状态，采取自然式的行为，对服务人员嘲笑或戏弄，同样会令人反感，或者旅游者在出现问题时惊慌失措，也不利于问题的解决。只有在以思考为特征的成人型心理状态下，人们才能理智地处事待人，使交往双方平等相处，相互尊重，使问题易于解决。

三、与旅游者交往的服务策略

（一）游客至上，用心服务

旅游服务人员应具备良好的服务意识，这种意识需要时时刻刻在服务工作中体现出来。

作为服务性行业，良好的服务意识体现在旅游服务人员与旅游者面对面的服务过程中。旅游者的要求出现在服务的各个环节，只有"以旅游者为中心"，永远把旅游者放在第一位，才能随时发现旅游者的需要，及时提供旅游者需要的服务。这就要求服务人员在工作中，不仅要做好分内事，细心观察，还要站在旅游者的立场上，用真心来创造感动。

（二）平等待客，一视同仁

从心理学的角度来看，人与人之间的平等主要是指相互尊重。从这方面看，每位服务人员都应自觉地尊重旅游者，主动热情地去满足旅游者合理的要求，把令人满意的服务提供给每位旅游者，在提供服务时，摒弃"看人下菜碟"的旧习气，禁止以貌取人和以职取人。

（三）个性化服务，满足需要

1. 个性化服务

旅游企业服务成功的经验之一是标准化服务和个性化服务的适当组合。个性化服务包括两个方面：满足旅游者的个性需求，即在旅游者个性需求的基础上，提供有针对性的服务；旅游者个性化需求的满足依赖于服务人员的个性化表现。

2. 细微化服务

优质服务的关键是细节，体现也是细节，最受旅游者欢迎的还是细节。把每项标准化的服务细化到极致，越细越好，因为细致代表着卓越，全部细节都要体现顾客至上的思想。

（四）语言艺术，巧妙应对

1. 正确使用职业化用语

语言是人际交流与沟通的重要手段，是表达思想情感的重要媒介，是人们交际沟通的桥梁和纽带。在旅游服务中，正确的职业化用语不仅能对旅游者表示友好和尊敬，而且能使交流双方产生心理认同，给对方一种满足或愉悦感，达到心理相悦、心灵相近的目的。

2. 善于运用"无声语言"

在客我交往中，旅游服务人员不仅要善于运用"有声语言"，而且要善于运用"无声语言"（体态语言），做到"有声语言"与"无声语言"相互补充，配合得当。体态语言是内心情感的体现，也是人性的镜子。心理学家指出，交往双方的相互理解，动作表情占55%，言语表情占38%，语言内容仅占7%，可见体态语言的重要性。

> **知识拓展**
>
> **详解常见的肢体语言**
>
> （1）双腿交叉通常意味着抵触或不太认同，这在交谈中不是一个好征兆。从心理学上看，双腿交叉意味着一个人在精神、情感和身体上自我封闭，意味着他们可能不愿在谈判中让步。
>
> （2）摊开手掌是表现诚实的传统方式。这是因为在人类历史上，摊开的手掌一直与"真理、诚实、忠诚和顺从"联系在一起。
>
> （3）眼角没有皱纹的笑容可能是假笑。如果有人试图表现出开心的样子，但并不是发自内心的高兴，那么你可能是看不见对方的笑纹的。比较保险的说法是，没有皱纹的笑容证明一个人可能不是真正的快乐。

（4）挑眉毛往往是感到不舒服的信号。真正的笑容会让人的眼周出现皱纹。同样，担心、惊讶或恐惧等不适的情绪会让人挑起眉毛。

（5）如果对方模仿你的肢体语言，那么你们的谈话可能进展得很顺利。当两人相处得愉快时，他们会模仿对方的姿势和动作。当你最好的朋友双腿交叉时，你也会这样做。如果你与对方的交谈进展顺利，你们就会做出同样的手势。

（6）如果有人和你对视太久，那么他可能在撒谎。为了避免看起来躲躲闪闪的样子，有些说谎者故意把眼神接触拖得太久，以至于让人感到有些不舒服。

（7）一系列肢体动作表示心有灵犀。传递好感不是凭借单一信号，而是一系列肢体语言。

（8）如果有人不停地摸脸或搓手，那么他可能有些紧张。焦虑最常见的表现包括摸脸、搓手。当你感到不舒服的时候，这两种行为都能起到安抚情绪的作用。

（9）如果有人和你一起笑，那么他可能喜欢你。幽默以及对幽默的积极反应在人类的演化中发挥了至关重要的作用，它们能传达渴求与对方建立关系的信号。

（10）抖腿是内心不安的表现。腿部是人体庞大的肢体部位，当腿部有所动作时，很难不让外人注意到，而抖腿表示焦虑、恼怒，或者两者都有。

（11）如果一个人眉头没有向内聚拢上抬，那么他可能没有看上去那么悲伤。我们可以用"可靠的肌肉"来形容人们无法自如控制的面部肌肉。如果你发现有人用语言和面部表情表达悲伤，但是他的眉头没有上抬聚拢，那么他可能根本不难过。尽管他已经尽了最大努力，但是他还是无法自如地收缩这些肌肉。

（12）如果一个人一半的面部表情比另一半明显，那么这可能不是真实的情绪。大部分表达情绪的面部表情是对称的，即脸部两侧的表情是对等的。

（13）豪放的姿势意味着权力和成就感。如果一个人放松地向后靠，那么他可能感觉自己很强大，胜券在握。研究发现，即使是盲人，在体育竞赛中取胜时也会举起胳膊形成V字形。

（14）耸肩是表示困惑的通用肢体信号。耸肩是一种通用的肢体语言，它表明一个人不知道或不明白你在说什么。

知识考查

1. 旅游服务人员与旅游者相互交往中，可以表现出_____、_____、成人型三类心理状态。

2. 家长型以_____为特征，通常表现为_____和_____两种行为模式。

3. 在工作中，旅游服务人员与旅游者的交往行为主要有_____与交叉交往两种形式。

4.简述与旅游者交往的特点。

5.简述与旅游者交往的原则。

6.简述与旅游者交往的服务策略。

任务实训

人际交往有妙招

旅游服务工作不是简单的迎来送往，而是人与人之间交往的艺术。旅游服务人员一定要了解旅游服务人际交往的特点，以及熟练掌握增进旅游服务中人际交往的技巧。

实训内容：

以"人际交往有妙招"为主题，搜集有助于旅游服务人员与旅游者交往的小技巧，并向全班分享。

实训目的：

通过实训，帮助学生进一步了解心理学的基本原理，掌握与旅行者交往的形式和原则，以及相应的服务策略，培养学生自我学习、提升的能力，锻炼学生的语言组织、表达能力。

实训过程：

（1）将学生分为若干小组，每小组人数由任课教师确定。

（2）各小组利用网络、书籍查找相关资料，制作PPT。

（3）每小组选派一名代表在全班交流、分享本组的研究成果。

（4）任课教师对各小组的研究成果进行评价，各小组对其他小组的研究成果进行点评。

项目六　沟通与投诉处理

任务二　巧妙处理旅游者的投诉

 任务目标

1. 了解旅游者投诉的主观原因和客观原因。
2. 掌握应对旅游者投诉的策略，有效缓和矛盾，圆满解决争议。

 任务描述

朱华接待了旅游者张先生。张先生参加了星辰旅行社组织的港澳游，他要求有1天自由行的时间会见自己的老朋友，导游人员经过协调表示同意。当旅游活动结束回到重庆后，张先生以他这1天没有参团旅游，向质检部门投诉，要求旅行社退回没有花费的费用，维护其合法权益。

思考：

引起张先生不满的原因是什么？朱华应该如何处理？

 相关知识

旅游者投诉是指旅游者将他们主观上认为由于旅游服务人员工作的差错而引起的烦恼，或者损害了他们的利益等情况向服务人员提出或向有关部门反映。

一、旅游者投诉的原因

（一）主观原因

1. 不尊重旅游者

不尊重旅游者是旅游者投诉的重要原因。对旅游者不尊重主要表现在以下几个方面：

（1）接待旅游者不主动、不热情。有的服务人员不热情，不主动招呼旅游者，当有旅游者到来时，他们的态度冷淡、爱搭不理，或者旅游者多次打招呼也没有反应。

（2）不注意语言修养，冲撞旅游者。有的服务人员对旅游者的态度生硬，用言语冲撞旅游者。

（3）挖苦、辱骂旅游者。有的服务人员对旅游者评头品足，挖苦旅游者，甚至用粗话辱骂旅游者。

（4）未经旅游者同意闯入房间。有的客房服务人员到房间搞卫生或送开水时，不敲门，未经旅游者同意就闯进房间。

（5）拿物品给旅游者不是"递"，而是"扔"或"丢"给旅游者。

（6）不尊重旅游者的风俗习惯。

（7）无根据地怀疑旅游者。怀疑旅游者取走宾馆的物品，或者误认为他们没有付清账目就走。

（8）影响旅游者休息。在旅游者休息时大声喧哗、高声谈笑等。

2. 工作不负责任

（1）工作不主动、不认真。例如，有的导游不愿多开口，带旅游者游而不导，或者干巴巴地背导游词；有的随便取消日程安排中的节目。

（2）忘记或搞错了旅游者交代办理的事情。如洗衣服，旅游者交代干洗，服务人员却送去湿洗。

（3）损坏、遗失旅游者的物品。例如，行李员搬运行李时乱碰乱丢，打碎旅游者买的瓷器，弄坏旅游者的皮箱，扯断皮带，碰掉转轮等；餐厅服务人员上菜时不小心弄脏旅游者的文件、衣物等。

（4）清洁卫生工作马虎，食品、用具不清洁。有的宾馆、旅游客船使用的床具、床单不干净，在旅游者离去后不换床单就接待新的旅游者；清洁卫生马虎了事；环境卫生搞不好，到处脏乱；房间有蚊子、蟑螂、小虫、老鼠等。

（二）客观原因

1. 设备方面的投诉

在旅游活动过程中设施设备损坏是难免的，如不及时修复，带给旅游者的可能是不愉快的旅行经历甚至完全打乱旅游者的行程计划。例如，旅游者对空调、照明、供暖、供水、门锁、电梯等设备设施进行投诉，大多和这些设施设备不能正常运转、使用有关。

2. 有关环境的投诉

环境不良造成旅游者投诉，如饭店的电器设备噪声太大、室内温度不适宜、气味不好，客房、餐厅的色彩及照明不适，旅游景区内旅游者太多造成不便，等等。

3. 价格的投诉

酒店的客房、饮食、商品及服务质量不好、收费过高，旅行社又增加新的收费项目等，

项目六 沟通与投诉处理

都会造成旅游者的投诉。

4. 其他方面的投诉

旅游活动过程中还有其他方面的问题也容易引起旅游者的不满,导致投诉。例如,没有买到预订车票,飞机延误,长时间堵车,离开旅游地时未赶上火车或飞机而滞留当地等;旅游景点关闭无法游览,酒店客满导致旅游者降低星级住宿标准,托运的行李丢失等。

二、旅游者投诉的处理策略

(一)处理旅游者投诉的原则

1. 真心诚意地解决问题

处理旅游者的投诉,应理解他们的心情,同情他们的处境,满怀诚意地帮助他们解决问题。只有这样,才能赢得旅游者的信任和好感,才能有助于问题的解决。

2. 避免与旅游者争辩

当旅游者怒气冲冲地前来投诉时,首先,应适当选择接受投诉的地点,避免在公众场合接受投诉;其次,应让他们把话讲完,然后对其遭遇表示同情,还应感谢他们对工作的关心。一定要注意冷静和礼貌,绝对不要与旅游者争辩。

3. 不损害企业的利益和形象

处理投诉时要真诚为旅游者解决问题,保护他们的利益,但同时也要注意保护旅游企业的合法利益,维护企业的整体形象。不能只考虑满足旅游者一方的利益,而给企业造成一定的损失,更不能损害或诱导旅游者抱怨某一部门,贬低他人,推卸责任,使旅游者对旅游企业的整体服务产生怀疑。

(二)处理旅游者投诉的方法

1. 耐心、认真地倾听旅游者的投诉

聆听旅游者投诉时可以通过提问的方式来弄清症结,集中注意力,节约对话时间。

(1)保持冷静。旅游者在投诉时,心中往往充满了怨气,要让他们"降温",不能反驳他们的意见,更不要与他们争辩。对那些情绪激动的旅游者,可以请他们到办公室或其他房间个别听取意见,这样既可以使旅游者平静下来,又不至于影响其他旅游者。

(2)表示同情。设身处地地考虑分析,对旅游者的感受表示理解,可用适当的语言与行

为给他们安慰，从而缓解他们的不满情绪，如使用"谢谢您告诉我这件事""对不起，发生这类事，我感到很遗憾""我完全理解您的心情"等语言。尚未弄清旅游者投诉的真相时，只能对旅游者表示理解与同情。

（3）充分关心。不应该对旅游者的投诉采取"大事化小，小事化了"的态度，而应该用"这件事发生在您身上我感到十分抱歉"此类的语言来表达对旅游者投诉的关心，并把注意力集中在旅游者投诉的问题上，尽量避免扩大事端。

（4）认真做好记录。边倾听边记录旅游者的投诉内容，不但可以使旅游者讲话的速度放慢，缓和旅游者的情绪，还可以使旅游者确信，酒店对其反映的问题是重视的。同时，记录也是为解决问题提供根据。

2. 把要采取的措施和具体时间告诉旅游者，并征得他们的同意

如果有可能，可由旅游者选择解决问题的方式或补救措施。不能对旅游者表示由于权力有限，无能为力，但也不能对旅游者做出不切实际的许诺。要充分估计解决问题所需要的时间，尽量告诉旅游者具体时间，不能含糊其词，同时要留有一定的余地。

3. 采取行动，为旅游者解决问题

这是关键的一个环节。为了避免问题进一步复杂化，节约时间，不失信于旅游者，表示诚意，必须认真做好这一环节的工作。如果能够立即解决问题，应迅速回复旅游者，告诉他们处理意见。对由于旅游服务失误造成的损失，应立即向旅游者道歉，在征得他们同意后，做出补偿性处理。若旅游者投诉的处理超出自己的权力范围，需及时向上级报告。如果暂时不能解决问题，要耐心向旅游者解释，取得原谅，并请他们留下地址和姓名，以便告知最终处理的结果。

4. 检查落实并记录存档

现场处理完旅游者的投诉后还要及时地与他们保持联系，检查、核实旅游者的投诉是否已经圆满地得到解决；并将整个过程写成报告，并记录存档，以利于今后工作的完善。

知识考查

1. 旅游者投诉的主观原因有哪些？

_____
_____
_____
_____

项目六 沟通与投诉处理

2．旅游者投诉的客观原因有哪些？

_____
_____
_____
_____

3．简述处理旅游者投诉的原则。

_____
_____
_____
_____

4．简述处理旅游者投诉的方法。

_____
_____
_____
_____
_____

任务实训

解决投诉我能行

事实上，即便是久负盛名的旅游企业也无法避免旅游者的投诉，应当把消极的投诉转变为积极的因素，通过投诉提高服务质量，防止类似的事情再次发生。

实训内容：

以"解决投诉我能行"为主题，帮助朱华妥善处理张先生的投诉。

实训目的：

通过实训，帮助学生进一步了解心理学的基本原理，理解旅游者投诉的原因，掌握处理旅游者投诉的方法，培养学生自我学习、提升的能力，锻炼学生的语言组织、表达能力。

实训过程：

（1）将学生分为若干小组，每小组人数由任课教师确定。

（2）各小组利用网络、书籍查找相关资料，制作PPT。

（3）每小组选派一名代表在全班交流、分享本组的研究成果。

（4）任课教师对各小组的研究成果进行评价，各小组对其他小组的研究成果进行点评。

项目总结

　　旅游服务中的人际交往，主要包括全体工作人员（尤其是基层接待人员和服务人员）与游客之间的交往。旅游服务交往的主体是服务人员，在旅游服务过程中，交往结果如何，主要取决于服务交往的主体。

　　作为服务性行业，良好的服务意识体现在旅游服务人员与旅游者面对面的服务过程中。旅游者的要求出现在服务的各个环节，只有"以客人为中心"，永远把旅游者放在第一位，才能随时发现客人的需要，及时提供旅游者需要的服务。这就要求服务人员在工作中不仅要做好分内事，细心观察，还要站在旅游者的立场上，用真心来创造感动。

　　旅游者投诉是指旅游者将他们主观上认为由于服务人员工作的差错而引起的烦恼，或者损害了他们的利益等情况向服务人员提出或向有关部门反映。

　　通过本项目的学习与实训，写下你的收获。

自我小结：

_____

_____

_____

_____

_____

教师评价：

_____

_____

_____

_____

_____

参 考 文 献

［1］李海凤，单浩杰. 旅游服务心理学［M］. 北京：中国人民大学出版社，2018.

［2］李长秋. 旅游服务心理学［M］. 北京：旅游教育出版社，2017.

［3］李灿佳. 旅游心理学［M］. 3版. 北京：高等教育出版社，2005.

［4］叶伯平. 旅游心理学［M］. 3版. 北京：清华大学出版社，2019.

［5］孙慧君. 旅游心理学［M］. 北京：首都经济贸易大学出版社，2011.

［6］孙喜林，荣小华. 旅游心理学［M］. 大连：东北财经大学出版社，2010.

［7］汪红烨，等. 旅游心理学［M］. 上海：上海交通大学出版社，2011.

［8］甘朝有. 旅游心理学［M］. 2版. 天津：南开大学出版社，2010.

［9］闫红霞. 旅游心理学［M］. 武汉：华中科技大学出版社，2011.

［10］陈楠，王茹，吴辉球. 旅游心理学［M］. 北京：北京理工大学出版社，2011.

［11］杨素稳，黄宇，余力力. 旅游心理学导论［M］. 哈尔滨：哈尔滨工程大学出版社，2012.

［12］李青霞. 旅游心理学［M］. 西安：西北工业大学出版社，2010.